“大数据金融丛书”编委会

前　言

2018年全国“两会”前后，《人民日报》先后发表了《三问区块链》《抓住区块链这个机遇》《做数字经济领跑者》等评论文章，文章再次肯定区块链的技术创新弥补了传统互联网的固有缺陷，将在未来改变众多行业的面貌，是国际上的必争之地。当然，文章同时也强调区块链行业的健康发展亟须科学监管。大家普遍认为，这三篇评论文章反映了决策层看好区块链技术，希望大力发展区块链技术，用区块链做数字经济领跑者的意图。“两会”期间，不少代表、委员建议在其所在城市打造区块链之都、区块链技术中心、区块链应用中心、区块链投资中心。一时间，贵州、浙江、江苏、山东、福建、江西、内蒙古、重庆、成都、新疆等十余个省、市、自治区，纷纷就区块链技术、应用、创新、投资等制定了指导意见，一些省、市、自治区甚至将区块链列入本省的“十三五”发展规划。有些城市，如杭州，还把区块链写进政府工作报告，并高调发起成立区块链产业园和区块链产业基金，要做中国的区块链中心。

贵州贵阳作为传统互联网时代未占先机却在大数据时代换道超车、领跑发展的创新型中心城市，毫无疑问是区块链时代中国城市中最早的区块链“掌旗人”。早在2016年，就有媒体打出了“以后提起贵州的象征，除了茅台就是区块链”这样的标题。

媒体普遍认为，如今，除了大数据，贵州更要添上一个区块链。在所有布局区块链的省、市、自治区当中，贵阳是反应最快、动作最迅速的城市。早在2016年工信部发布《中国区块链技术和应用发展》白皮书之后，贵阳市就随即发布了《贵阳区块链发展和应用》白皮书，把“区块链技术”列为贵阳未来的大数据发展战略之一。2017年2月，贵阳市政府工作报告中正式将区块链技术与政府数据共享开放、大数据安全放在一起，作为贵阳市未来五年抢占大数据发展制高点的三项重点。而在此之前还没有其他城市的政府在工作报告中提及区块链。同年5月，贵阳国家高新区发布了《贵阳国家高新区促进区块链技术创新及应用示范十条政策措施（试行）》，对从事区块链技术创新与应用发展的企业，给予最高一次性500万元的奖励。而广州发布相关政策则是在7个月之后。此外，青岛市市北区在2017年6月发布了“关于加快区块链产业发展的意见”，青岛市在3个月后也发布了“链湾”白皮书。随后宣布要建立区块链产业园的城市有上海、重庆、南昌、广州、新疆伊宁。一时间，全国众多城市纷纷“上链”，开始了对价值互联网高地的争夺战。

《贵阳区块链发展和应用》白皮书（以下简称“白皮书”）展示了贵阳市委、市政府对区块链发展的理论思考和顶层设计，并介绍了作为国家首个大数据综合试验区核心区，贵阳如何进一步抢抓机遇、先行先试，率先在区块链等大数据前沿领域取得突破、闯出道路、创造经验，更好地担负起自己的历史使命。该白皮书深刻预言：在区块链的支撑和推动下，互联网的发展将完成华丽的“三部曲”，即信息互联网、价值互联网和秩序互联网。信息互联网让人看到了互联网对于便利人与人的沟通、减少信息不对称的价值；价值互联网让人看到了区块链对于物质和服务增值、数据资产增值、社会价值体系重构的潜力；秩序互联网让人看到了由区块链等技术手段来创新社会组织方式、治理体系、运行规则的前景。这一重大提升和演进过程是由区块链技术自身所具有的分布式数据存储、去中心化、不可篡改、可追溯、可信任等特性决定的。从当前来看，区块链技术的应用还需要一段时间来完善，但是其趋势已不可阻挡。

该白皮书开创性地提出了“主权区块链”理论及全球秩序互联网命运共同体未来；提出了“绳网结构”区块链体系以及形成跨区域、跨场景、跨部门、跨链的数据流通、业务交互和价值交付的区块链生态系统；提出了以应用场景为肩膀（核心支点），挑起一头为区块链技术演进而另一头为数字金融发展的“货担”，用独特而形象的“扁担”模型寓意贵阳区块链发展的模式。

基于此，近几年，贵阳牢牢抓住这一难得的历史机遇，全力推进大数据商用、政用、民用创新，提出“块数据”并将其应用于具体实践。在加快大数据发展，特别是推动大数据金融发展的过程中，特别注重将区块链运用于大数据金融的顶层设计、体系构建和场景应用，努力打造大数据区块链金融新高地。

2017 年 1 月下旬，受贵阳市委、市政府委托，贵阳区块链金融代表团应邀参加了在美国硅谷举办的首届北美区块链金融峰会。会上，贵阳向北美区块链金融的同行和国际区块链界详细介绍了该白皮书，并发布了在主权区块链框架内贵阳区块链金融发展的目标——“创建主权区块链高地，努力打造全球大数据区块链金融中心”。为此，我们大胆提出了进行主权区块链框架内的理论创新和顶层设计，认真做好“绳网结构”中的公链、私链、联盟链等跨链价值交互、交流、交易，着力推进区块链新技术及区块链新金融的发展，通过“扁担”模型所代表的政用、商用、民用及金融应用场景为支点，均衡融合发展，全面构建平台支撑、政策支撑、金融支撑、人才支撑、双创支撑等体系，以大数据、区块链重构金融业态，努力打造大数据区块链金融中心。

贵阳在大数据金融探索与发展过程中，特别注重运用区块链重构大数据金融信用体系和风控体系，大力探索运用区块链打造大数据金融全新场景，在金融科技能发挥革命性替代或升级的金融领域，如大数据征信、互联网金融监管、众筹、票据交易、数据投资及交易、消费溯源及积分管理、网贷及网络保险、聚合支付等，取得了一定的经验和成果。

在发展大数据区块链金融的过程中，我们谨记习近平总书记在全国金融工作会议上的指示精神：坚持稳中求进的工作总基调，遵循金融发展规律，紧紧围绕服务实体经济、防控金融风险、深化金融改革三项任务来把控发展方向。谨记习近平总书记在十九大报告中强调的“要着力加快建设实体经济、科技创新、现代金融、人力资源协同发展的现代产业体系”这样一个建设现代金融体系的目标，把贵阳具有大数据区块链特色的现代金融体系和贵阳具有大数据区块链特色的实体经济、科技创新、人力资源融合好，走出一条有贵阳特色的大数据区块链金融之路，助力贵州正在实施的“大数据、大生态、大扶贫”三大战略。

中国每一个城市的历史基础、当下任务和未来目标都各不相同，对互联网时代、大数据时代、区块链时代的机遇，其把握要求的紧迫程度和依存度也不一样，因此，这些全民上链、城市上链的定位和路径虽有一定的参考价值，但没有绝对的比较价值。

贵阳地处祖国西部边陲，曾是个在工业时代和互联网时代落后于大多数地方的欠发达城市。所幸这座城市在习近平总书记和党中央、国务院的亲切关怀下，在省委、省政府“大数据、大生态、大扶贫”战略指引下，在市委、市政府的坚强领导下，在全市人民的共同参与下，弯道取直、换道超车，引领了大数据时代和区块链时代的风气之先，也催生了独特的贵阳大数据区块链现代金融体系。尽管这个新生的大数据区块链现代金融体系诞生于传统互联网金融的母体，还很弱小，也不完善，但它包含着数字技术革命、普惠金融等新的基因，值得我们认真地总结和不断地提炼。

希望能够借助习近平总书记在 2018 年 4 月 22 日致信祝贺首届数字中国建设峰会开幕时所强调的“加快数字中国建设，就是要适应我国发展新的历史方位，全面贯彻新发展理念，以信息化培育新动能，用新动能推动新发展，以新发展创造新辉煌”来勉励大家，当然也包括我们自己。这正是，“弄潮儿向涛头立，手把红旗旗不湿”“浩渺行无极，扬帆但信风”。

目　录

第一章　理论支撑

构建区块链理论框架

在互联网、大数据时代的滚滚洪流中，各种思维、理念、技术及模式创新日新月异。当人们还没有完全搞清楚大数据为何的时候，互联网的快速发展又把人们推向了区块链发展应用的新阶段。作为国家首个大数据综合试验区，贵州如何进一步抢抓机遇、先行先试，率先在区块链等前沿领域取得突破、闯出经验，是更好地担负综合试验区历史使命的应有之义。贵阳作为贵州省省会，在大数据发展中理应发挥积极作用，在区块链发展应用方面更应大胆探索、主动作为，努力推动时代浪潮涌向又一个高峰。

区块链技术的发展及其广阔前景，已经引起世界范围内的广泛关注和各界的高度重视。作为一个迭代性的重大创新技术、一种全新的底层协议构建模式，区块链将实现从信息互联网向价值互联网的升级换代，进而从解决信任问题入手加快推动数字经济发展，从共识、共治、共享入手加快推动网络治理变革，从破解数据资源流通与安全保护难题入手加快推动大数据发展。进一步讲，区块链的发展应用将重构线上和线下的价值信用体系，以便捷、流动、互认为特征和标尺，通过广泛共识和价值分享，推动形成人类社会在信息文明时代新的价值度量衡，构建一套经济社会发展以及人们生产生活各类活动的新的诚信体系、价值体系与秩序规则体系。

第一节 《贵阳区块链发展和应用》白皮书

2016 年 12 月 31 日，贵阳正式发布《贵阳区块链发展和应用》白皮书（见图 1.1），这是贵阳大胆探索区块链技术对政务、民生、商务发展应用的总体设计蓝图和初步探索宣言。区块链将支撑和推动信息互联网向价值互联网，进而向秩序互联网发展，成为贵阳在大数据发展中挺进新领域、攀登制高点的重要举措。

贵阳区块链发展和应用

（2016 年 12 月）

贵阳市人民政府新闻办公室

图 1.1 《贵阳区块链发展和应用》白皮书

贵阳对区块链的认识

对于贵阳发展区块链的缘起，中共贵州省委原常委、贵阳市委原书记、河北省委常委、雄安新区党工委书记陈刚在白皮书序言中说道："作为国家首个大数据综合试验区，贵州如何进一步抢抓机遇、先行先试，率先在区块链等前沿领域取得突破、闯出经验，是更好地担负综合试验区历史使命的应有之义。贵阳作为贵州省会，在大数据发展中理应发挥积极作用，在区块链发展应用方面更应大胆探索、主动作为，努力推动时代浪潮涌向又一个高峰。"

白皮书深入分析了区块链对数字经济、互联网治理、大数据发展的重要作用，体现了贵阳对区块链的认识。白皮书指出，区块链将建立可信安全和开放共享的数字经济环境，促进多层次数字经济合作；区块链将为共事、共识、共治的互联网治理提供新型基础设施，促进建立数字社会治理的新模式；区块链将实现各领域数据信息共享，提升不同主体间的运营效率，保证数据真实可靠和无法篡改，重塑社会公信力；区块链将促进发展网络空间命运共同体，实现互联网空间的良好秩序；区块链将破解大数据发展难题，推动大数据发展的进程。

机遇与挑战并存

从贵阳市的机遇与挑战来看，白皮书指出，国家大数据战略布局、贵阳块数据城市的建设需求及区块链本身的技术发展需求，为贵阳催生出发展区块链的新机遇。但不容忽视的是，区块链产业发展政策和法规尚属空白，发展和应用缺乏顶层设计，区块链技术和应用尚不成熟。

从优势与差距上分析，白皮书提到，贵阳大数据产业的蓬勃发展为区块链发展奠定了良好的产业基础、技术基础和人才基础。同时，区块链产业发展具备守住生态环境后发赶超、发挥贵阳优势的内生动力，而贵阳自身也具备成功培育出区块链产业的能力，如贵阳的大数据金融与区块链技术的融合探索经验。此外，白皮书还提到，贵阳具备的产业生态体系、网络环境、容错试错机制和创新创业氛围为发展区块链产业创造了良好的环境。但是，发展区块链产业也面临一些障碍，如信息基础设施亟须加强、数字化程度亟待提高和区块链人才供给不足等。

格局影响高度

白皮书对区块链进行了一系列理论创新，如“主权区块链”、“绳网结构”理论、“扁担”模型（TAF 模型）、“秩序互联网”等，这些是白皮书的亮点。

“主权区块链”是白皮书的重要创新概念。互联网让世界变成了“地球村”，推动国际社会越来越成为“你中有我，我中有你”的命运共同体。构建这种网络空间命运共同体，必须以尊重网络主权背后的国家主权为前提。因为随着互联网升级换代，命运共同体的行为规则也将随之发生深刻变革，必然会出现技术引领者试图充当理念引领者和规则制定者，希望独占全球互联网治理议程设定、规则制定和基础性资源分配权。这是主权经济体和经济联合体不能接受的。

共识基于尊重，共享源于包容，全球互联网发展治理应当尊重网络主权，这种尊重需要从区块链本身作为价值互联网的推动体和支撑体这个层面加以构建。同时，在主权经济体范围内，区块链凭借其分散多中心化、过程高效透明且成本低、数据高度安全等独特秉性，支撑引领带动人们自愿成为数据和价值的提供者与使用者，进而共享整个数据体系，由此区块链可以实现分散多中心化的社会认同，形成网络主权构架下的公有价值交互。可以预料，未来在主权区块链构架下，互联网将形成一种全新的生态，人类可以凭借线上线下统一的诚信支撑，推动数据资源、信息和知识像现实中的交易性资源一样自由流通，实现共识价值跨主权、跨中心的流通、分享及增值，最终形成一个“主观为人，客观为己”的社会价值形态，推动全球秩序互联网的真正到来。

“绳网结构”理论是贵阳继“块数据”理论后的又一理论创新。形象地讲，区块链是一个个区块按照时间戳顺序形成的链，就像一条条“绳”，这些在不同应用场景下产生的“绳”，具有彼此连接的现实需要和内生动力，把不同区块链相互连接就像把“绳”结成“网”，能够实现链与链之间的数据流通、业务交互和价值交付，进而形成跨区域、跨场景、跨部门区块链应用的立体空间。

这一“绳网结构”理论不仅意义重大，而且与贵阳提出的“块数据”理论高度契合。块数据的形成和作用的发挥有赖于开放、共享和连接的基本机制，发展方向是条数据在“块”上的融合，条与条、条与块、块与块之间的数据连接、汇聚、融合必定产生超乎想象的能量和魔力；把区块链结“绳”成“网”，其内在机理是相通的。两个理论从不同视角对网络空间进行理论建模与实践指导，是该书以及贵阳推动区块链发展应用的基础理论支撑。

高度决定未来

白皮书对贵阳发展区块链的指导思想、推进原则、主要目标、总体架构、空间布局、应用路径与推进方案进行了阐述，按照“坚持主权原则，探索规则创新，培育应用场景，推动产业发展，提升社会治理，促进社会进步”的总体要求，发展主权区块链，构建政用、民用、商用多场景交织的区块链应用模式，打造区块链产业生态体系，发掘区块链上的经济与社会价值，推动区块链与大数据深度融合，促进数字经济发展，完善数字社会治理，构建信息文明时代的新秩序。

白皮书总结出“聚焦痛点、突出应用、创新规则、发现价值、政府引导、市场运作、凝聚共识、综合治理”的贵阳市区块链发展和应用推进原则。白皮书提出，通过五年的努力，在全市打造一批区块链应用场景，培育一批区块链创新企业，形成一批可推广的商业模式，推出一批区块链规则和标准体系，建成主权区块链应用示范区和数字货币应用先行区的主要目标。白皮书从数据层、网络层、共识层、激励层、合约层和应用层对主权区块链的技术架构做了说明，从空间布局与应用路径上对贵阳发展区块链的路线图做了总体规划。

应用场景：政用、民用、商用

白皮书以创新的主权区块链为核心，创造性地以块数据和“绳网结构”理论为纲领，结合当前数字经济、互联网治理、大数据发展等全民关注的社会热点、痛点问题，以“扁担”模型为依据，分析提出区块链的政用、民用和商用应用场景。

白皮书甄选的 12 个场景，是贵阳以区块链技术为底层架构，探索主权区块链在政用、民用、商用等领域的应用。针对政府治理数据共享开放保障手段少、“数据铁笼”的数据可信任问题、互联网金融监管难度大等痛点，选取政府数据共享开放、“数据铁笼”监管、互联网金融监管等政用区块链应用场景。为更好地提高民众幸福指数，针对贵阳市存在的对扶贫对象识别尚不精准、个人数据开发利用少、医疗健康数据开发难等痛点，选取精准扶贫、个人数据服务中心、个人医疗健康数据、智慧出行等民生区块链应用场景。为了更好地构建商业秩序，维护市场公正，根据贵阳市经济发展中存在的小微企业贷款难、金融票据监控难、数据资产交易少、供应链缺乏透明度、货运信用记录缺失等痛点，选取票据、小微企业信用认证、数据交易与流通、供应链管理、货运物流等商用区块链应用场景。通过多个应用场景实践，推动大数据与区块链深度融合，构建信息文明时代新秩序。

聚力发展区块链

白皮书从支撑区块链应用场景与商业模式角度出发，进行了一系列规则创新，并建立了统一的配套制度与支持体系。一是强化平台支撑，构建政策发展平台，打造产业集聚平台，强化基础支撑平台。二是探索地方立法，制定标准规范，创新政策机制，编制指标体系和发展指数，加强政策支撑。三是发挥政府引导基金撬动作用，创新融资模式，支持优质企业上市发展，积极开展科技保险，做好金融支撑。四是加强人才引进与人才培养，支持人才创新创业，为区块链发展提供良好的人才支撑。五是打造创业创新基地，兴建区块链应用孵化器，加强技术创新能力建设，完善区块链创业公共服务，为区块链的发展做好“双创”支撑。加强宣传引导，举办高层次会展，及时宣传贵阳区块链发展和应用动态，形成贵阳区块链发展和应用的品牌影响力。

第二节 主权区块链理论

《贵阳区块链发展和应用》白皮书提出了“主权区块链”（见图 1.2）与“秩序互联网”等理论创新，梳理了贵阳探索区块链技术对政务、民生、商务发展应用的总体设计蓝图。贵阳市政府力求抓住关键发展机遇，培育一批区块链创新企业，形成一批可推广的商业模式，推出一批区块链规则和标准体系，努力将贵阳打造成区块链创新要素的集聚地和区块链技术应用创新的策源地，为国家大数据发展提供新动能。

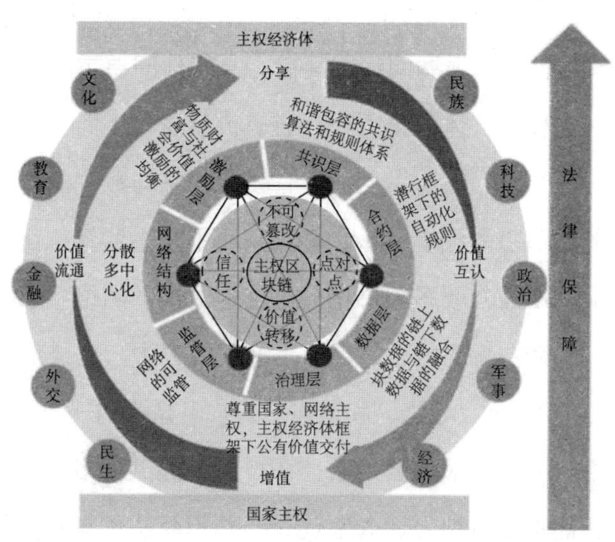

图 1.2 主权区块链

随着全球互联网的发展，人类社会将构建网络空间命运共同体，而这是以尊重网络主权背后的国家主权为前提的。区块链技术发展必须在国家主权范畴下，在法律与监管下，从改进与完善自身架构入手，以分布式账本为基础，以规则与共识为核心，实现不同参与者的相互认同，进而形成公有价值的交付、流通、分享及增值，建立主权区块链。未来，在主权区块链发展的基础上，不同经济体和各节点之间可以实现跨主权、跨中心、跨领域的共识价值的流通、分享和增值，进而形成互联网社会的共同行为准则和价值规范。

主权区块链与其他区块链一样，具有点对点、不可篡改、可信任和价值转移的特点。但不同的是，主权区块链具有既支持高吞吐量和数据共享，又满足监管和隐私保护要求的特点。《贵阳区块链发展和应用》白皮书从治理、监管、网络结构、共识、合约、激励、数据与应用八个方面对主权区块链进行了分析（表 1.1）。

在治理层面，它强调网络空间命运共同体间尊重网络主权和国家主权，在主权经济体框架下进行公有价值交付，而不是超主权或无主权的价值交付；在监管层面，它强调网络与账户的可监管，技术上提供监管节点的控制和干预能力，而不是无监管；在网络结构上，它强调网络的分散多中心化，在技术上提供网络主权下各节点的身份认证和账户管理能力，而不是绝对的去中心化或形成“超级中心”；在共识层面，它强调和谐包容的共识算法和规则体系，形成各节点意愿与要求的最大公约数，在技术上提供对多种共识算法的整合能力，而不是单纯强调效率优先的共识算法和规则体系；在激励层面，它提供基于网络主权的价值度量衡，实现物质财富激励与社会价值激励的均衡，而不是单纯强调物质财富激励；在合约层面，它强调智能合约是在主权经济体法律框架下的自动化规则生成机制，而不是“代码即法律”，要在技术上提供可监管、可审计的合约形式化规范；在数据层面，它强调基于块数据的链上数据与链下数据融合，而不是限于链上数据；在应用层面，它强调经济社会各个领域的广泛应用，基于共识机制的多领域应用的集成和融合，而不是限于金融应用领域。在主权区块链上的价值认定与流通，最终将通过法定数字货币得以实现。

表 1.1　主权区块链与其他区块链的比较

	主权区块链	其他区块链
治理	网络空间命运共同体尊重网络主权和国家主权，在主权经济框架下进行公有价值交付	无主权或超主权，网络社会群共同认同的价值交付
监管	可监管	无监管
网络结构	分散多中心化	去中心化
共识	和谐包容的共识算法和规则体系	效率优先的共识算法和规则体系为主
合约	法律框架下的自动化规则	“代码即法律”为准则
激励	物质财富激励与社会价值激励的均衡	物质财富激励为主
数据	基于块数据的链上数据与链下数据的融合	限于链上数据
应用	经济社会各个领域的融合应用	以金融应用为主

主权区块链法律规制下的技术之治

区块链是一个特定的数据库技术，即分布式数据库技术。通过这种技术，可以实现巨大的分布式计算，以此支撑大数据的数据挖掘和分析这种数据密集型计算。主权区块链的基础是区块链，首先它是一种技术之治，将实现创新一套混合技术架构。基于此，主权区块链突出了法律规制，可以说是法律规制下的技术之治。主权区块链要解决的是国家、组织、个人的数据权属问题，由此将会创新一种从共识结构演变为共治结构，进而形成共享结构的治理体系。区别于区块链单纯的以数据为中心的特点，主权区块链同时强调人（既包括法人，也包括自然人）的主体性。

主权区块链是一套由技术规则和法律规则共同形成的监管和治理“组合拳”，兼顾技术规则的可行性和法律规则的权威性。技术规则由软件、协议、程序、算法、配套设施等技术要素构成一个混合技术构架，本质上是一串可机读的计算机代码，具有执行不可逆的特性。其达到交易成立标准的机制是工作量证明，即当一笔交易发生时，全网广播给每个节点，然后进行算力比拼，竞争胜出者具有记账的权力，剩余的其他节点则进行交易验证。法律规则由法规框架、条文、行业、政策等组成，一旦违反，需要承担相应的法律责任。实际上就是一种以权益证明为核心的达到交易成立标准的机制，它要求证明人只提供数量加密货币的所有权即可。主权区块链是一个工作量证明和权益证明的混合模式。在主权区块链发展的基础上，可以形成互联网社会的共同行为准则和价值规范，推动全球秩序互联网的真正到来。

主权区块链以人为中心，将创新一种从共识结构演变为共治结构，进而形成共享结构的治理体系。区块链的创新一定要解决好大数据既要共享又要权属清晰的问题，本质是解决好共享权的问题。从技术层面来看，区块链已经能够解决数据资产占有权与使用权的问题，但还需要在法律层面进一步明确数据的占有权、使用权、收益权和处置权。

第三节　“绳网结构”与“扁担”模型

绳网结构

区块链是一个个区块按照时间戳顺序形成的链，像是一条条“绳”，它把一串串数字和价值交付紧密耦合在一起，记录了某个社群内数字资产的所有交易历史。“绳网结构”理论见图 1.3。

因为区块链技术应用的目的、社群范围和领域不同，所以形成了主权区块链框架下的不同区块链应用。推进区块链之间彼此连接，实现链与链之间的数据流通、业务交互和价值交付，将是区块链技术发展的一个重要里程碑。不同区块链彼此相互连接，就将“绳”织成一个“网”。它不同于单一的公有链，因为在每个相对独立的区块链中的授权是被保护的，但它们又能彼此相互连接，承载更广泛的各类价值应用，形成跨区域、跨场景、跨部门应用的相互链接，形成一个区块链的立体空间。

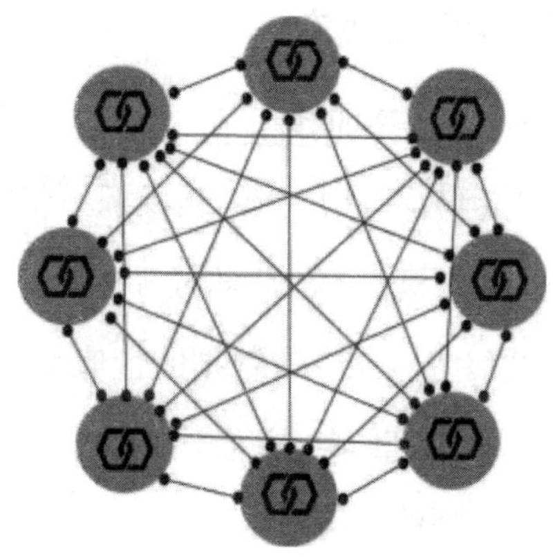

图 1.3　“绳网结构”理论

“扁担”模型

区块链“扁担”模型是指关于区块链技术（T）、区块链应用（A）和数字金融（F）的结构关系的模型，也称为TAF模型。区块链技术演进和数字金融应用是当前区块链发展的两大热门领域，好比是“扁担”的两端；单纯依靠区块链技术演进和数字金融而缺乏各种应用场景，无法构建起区块链发展的生存空间和生态体系，好比是缺乏挑货的“扁担”。只有区块链在经济社会的全方位应用，才能促进其自身技术的更快发展和数字金融的更广泛应用，推动建立价值互联网和秩序互联网。

未来，区块链的政用、民用和商用场景是搭建起区块链技术和数字金融发展的关键支撑，是拉动区块链技术发展和推进数字金融发展的核心力量，是发挥区块链经济社会价值的重点环节。

第四节　“块数据”与“绳网结构”融合

块数据是大数据发展的高级形态

大数据已经逐渐成为解决问题的一种方法。通过对生活中、互联网以及手机上的各种数据进行分析和挖掘，获取有价值的信息，进而深刻改变人类的价值观念、知识构成和生活方式。“价值”理所当然地成为大数据的终极意义。大数据的价值是基于某个行业内部数据的集聚和关联。从更广阔的视角来看，块数据为政用、商用和民用领域提供了一个全新的价值系统。

相较于大数据而言，块数据使数据与人能够进行充分的互动、关联和融合，解构和重构数据与人、事、物之间的关系，为商业、社会甚至政府创造相应的解决方案，为产业发展、公共服务和社会治理提供一个更大的价值系统——块数据价值链。块数据价值链注重数据的实际价值，充分发挥数据在政用、商用和民用等领域的应用价值，通过基于政府的全治理链、基于商业的全产业链和基于社会的全服务链，实现数据价值的最大化。块数据全治理链致力于构建用数据说话、用数据决策、用数据管理和用数据创新的新格局，进而实现政府治理体系与治理能力的精细化和精准化。块数据全产业链将传统的产业结构和产业体系进行解构和重构，进一步解放和优化配置，从而提高产业发展质量、效益和竞争力。块数据全服务链在公共事业、健康医疗、社会救助、文化教育、消费维权和社会保障等领域中，精准锁定民生痛点，识别公众需求，从而提供多层次的公共服务。从本质上看，块数据价值链发掘出了超越数据本身的崭新的价值组合，通过数据驱动重构产业和价值；通过需求识别，转变公共服务需求导向，同时构建模块化供给体系；通过数据感知与预测，实现精准化和精细化的数据治理。

块数据不是大数据时代的衍生品，而是大数据发展的高级形态，与大数据有明显的区别。如果说大数据是因为“物”而出现，那么，块数据则是围绕着“人”或“组织”而产生。大数据通过人的思维来观察和解释数据，而块数据则是运用数据的思维去观察和解释人的行为。块数据的主体是人，通过以人为原点记录静态数据、意识数据和行为数据，进而推动人类行为与数据的交互影响以及人类自身的进步。同时，相较于大数据数据容量大、数据类型繁多、商业价值高和处理速度快的“4V”特征，块数据还具有多维变量特征，将大数据的“4V”特征升级为“5V”特征。多维变量特征是块数据集聚、关联和价值挖掘的原因和基础，有助于块数据揭示事物发展的内在规律和本质，有利于从数据的高度关联性中获取变量。块数据的多维变量特征改变了数据使用和分析的传统角度，使数据从原本静止和孤立的状态逐渐过渡到运动和联系的状态。正如“数学中的转折点是笛卡儿的变量”一样，大数据时代的转折点在于块数据的多维变量特征的出现。

目前，人类对大数据的应用，更多的是对特定领域或行业内纵深数据的集合，这对反映本领域或行业的规律具有很大的价值。但是这种条数据的处理方式将数据困在一个个孤立的链条上，相互之间并不能连接起来。从传统企业的产品数据、互联网商家的交易数据到政府部门的民生数据，这些数据的集聚和使用都被限定在特定的行业或领域。垄断程度高、融合能力差、共享难度大、应用价值低以及安全风险大等一系列制约因素严重阻碍了大数据的发展。解决数据单一、数据封闭和数据垄断等问题正是块数据发展的价值所在。块数据形成的机制是开放、共享和连接，就像计算机主板一样。建立一个开放、共享和连接的数据基地，各部门和行业的数据就像一个个可插拔的板卡，通过充分的融合和集成，最终实现数据的集聚。同时，块数据是具有高度关联性的数据的聚合。数据的关联性决定了数据组构的过程并非简单堆砌，而是具有明显的网线、节点、脉络和内在的逻辑运行规律。此外，块数据自身所具有的平台化、集聚力强、关联度高、开放性、价值密度高等特点，决定了块数据可以打破数据孤岛和数据垄断，解决大数据时代的难题，让大数据实现在“块”上的“条”融合。

块数据与“绳网结构”的融合

块数据是以一个物理空间或行政区域形成的，涉及人、事、物的各类数据的总和。开放、共享、连接是块数据形成的基本机制，在一个个“块”内形成开放、共享、连接的块数据，再把一个个块数据开放、共享、连接起来，就会产生更大的块数据网状结构。

某个区块链上记录了在某个场景中关键价值交付的历史数据，通过“绳网结构”，一个个区块链交织形成一个价值交付的网络，记录了全网上的价值交付的所有历史数据，构建了立体的价值结构。这些数据是一个块数据空间中最可信任的历史痕迹，也是整个网络空间中持续留存的不可篡改的数据。

块数据是建立“绳网结构”的基础，它为区块链应用提供了丰富的数据，并结合块数据的激活和应用，凝聚立体智慧；“绳网结构”则在块数据后面形成了一个跨企业、跨组织、跨个体间从事各种经济社会活动的信任体系，从而建立价值互联网，产生网络效益和更大的价值。

因此，块数据和“绳网结构”是分别从大数据的视角和区块链的视角对网络空间的理论建模，它们之间既相互区别，又紧密联系，共同描绘出一个完整的网络空间。

第二章　政策支持

汇聚区块链支撑力量

2016年6月17日，习近平总书记到贵阳视察工作，认为“贵州发展大数据确实有道理”。2017年数博会，中共中央政治局常委、国务院总理李克强发来贺信，指出“当前新一轮科技革命和产业变革席卷全球，大数据、云计算、物联网、人工智能、区块链等新技术不断涌现，数字经济正深刻地改变着人类的生产和生活方式，作为经济增长新动能的作用日益凸显。贵州省主动顺应这一发展趋势，大胆探索、先行先试，取得了积极成效”。[①]

贵阳作为贵州省省会，在大数据发展中发挥了积极作用。贵阳在区块链发展应用方面大胆探索、主动作为。在全省统筹之下，贵阳于2014年3月开启了发展大数据产业的征程，经过几年的努力，在全国乃至全球有了一定的影响。最突出的是，贵阳先后建成了国家大数据产业聚集区、大数据产业技术创新实验区，并正在努力建成大数据产业发展综合试验区核心区。

为推动区块链技术深度发展以及大数据发展应用，促进经济发展，完善社会治理，提升政府服务管理能力，服务改善民生，培育壮大战略性新兴产业，贵阳先试先行，提出了具有区域特色的主权区块链理论，并根据相关法律、法规规定，出台了一系列扶持发展政策。

---

① 资料来自人民网。

第一节　人才政策　培育土壤

党的十九大以来，贵阳发出了“史上最强”求贤令，先后出台《关于加快建成“中国数谷”的实施意见》《贵阳市大招商行动计划（2018—2020年）》《贵阳市“十三五”工业发展倍增计划》等，加快建设公平共享创新型中心城市。

建设公平共享创新型中心城市，必须全力引进高端人才、领军人才和创新创业团队、研发机构，扩大人才总量，补齐人才短板。因此，人才体制机制的改革是打造“智力收割机”的重要环节。

2017年12月，贵阳出台的《关于深化人才发展体制机制改革　加快建设公平共享创新型中心城市的实施意见》提出，人才体制机制改革要“从政府主导向用人主体转变”。①

围绕白皮书的总体布局及有关要求，贵阳发布了一系列支持政策：

《关于支持区块链发展和应用的若干政策措施（试行）》；

《关于创新产业人才集聚机制　助推大数据大工业大招商行动的十条措施》（以下简称《十条措施》）；

① 资料来自当代先锋网。

《贵阳国家高新区促进区块链技术创新及应用示范十条政策措施(试行)》(以下简称《区块链十条政策》);

《关于深化人才发展体制机制改革　全力打造公平共享创新型中心城市示范区的实施意见》。

区块链人才引进培养政策

白皮书对人才引进有基础的支持标准。如实施“百千万人才引进计划”“筑巢引凤计划”“黔归人才计划”等，构建平台揽才、赴外招才、活动引才、项目聚才的区块链人才立体引进网络，引进的国家“千人计划”人才，贵州省“百人领军人才”、“千人创新创业人才”，高级管理人员，高级专业技术人员等区块链人才，按规定享受各类优惠待遇，高级人才经评审后入住政府人才公寓。

《关于支持区块链发展和应用的若干政策措施（试行）》彰显了贵阳的人才引进培养支持政策：加强区块链创新创业人才的引进培养。对入选贵州省“百人领军人才”“千人创新创业人才”的区块链创新创业领军人才，引进当年分别给予每人 100 万元、50 万元奖励，第二年、第三年项目达产并实现预期效益目标的，经考核认定，继续给予相应的支持；荣获“黔灵科技贡献奖”的，一次性奖励 100 万元。

对区块链企业引进应届本科毕业生的支持政策：签订 1 年以上期限劳动合同达到 5 名的，一次性奖励 1 万元，每增加 1 名，奖励 1000 元；引进具有区块链相关工作经验人才并签订 3 年以上期限劳动合同的，按每人 5000 元给予一次性奖励；引进高层次人才并签订工作合同的或项目合作协议的，按每人 1 万元给予一次性奖励。对同一家企业最高奖励每年不超过 10 万元。

针对在贵阳创办区块链企业的人才培养政策：支持海外高层次人才、院士、国家级专家学者、国家“千人计划”专家、区块链高层次人才和创新团队在贵阳市创办区块链企业。符合《贵阳市引进高层次人才办法》《贵阳市高层次人才认定暂行办法》的区块链高层次人才，取得高层次人才绿卡后，可按规定享受住房、医疗、社保、子女入学、配偶就业等优惠政策和便利服务。

贵阳市白云区出台的《关于深化人才发展体制机制改革 全力打造公平共享创新型中心城市示范区的实施意见》涉及的人才引进与培养政策如下。

创新人才引进机制。在构建优秀人才引进集聚机制方面，白云区创新引才工作机制，设立“引才奖”，对符合相应条件的引才机构及个人按条件最高可奖励10万元；大力引进高层次人才，对符合条件的专家人才和高层次人才，按市级规定匹配50万元至250万元项目实施资助资金；加大柔性引才力度，设立“云城学者”奖，对柔性引进符合条件的专家给予5万元至20万元的奖励；集聚重点产业专业人才；发挥企业主体及人民团体招才引智作用；加快人才聚集平台建设，到2020年，实现市级以上工程研究中心、企业技术中心、实验室等达50家以上；探索建立新型智库。

构建多元化人才培养机制。在建立多元化人才培养机制方面，不断优化党政人才队伍结构，实施“墩苗计划”，到2020年，选派100名以上优秀年轻干部、大学毕业生到乡镇（社区）、村（居）基层一线及任务重、工作难的岗位“墩苗”；实施经营管理人才素质提升工程，采取专题培训、以研代训、挂职锻炼等方式，到2020年，遴选100名以上企业经营管理团队核心人才到国内知名高校专题研修或知名企业挂职锻炼；加快培育专业技术人才；提高技能人才培训水平；加大农村实用人才培养力度；开展创新人才培养计划等。

《区块链十条政策》在人才培养上主要有以下几个方面支持标准。

区块链技术人才业绩突出的支持标准。对于业绩突出的区块链技术人才，经破格认定为高层次人才后，可享受领取区内高层次人才生活津贴、入住人才公寓等相关待遇。区内企业（机构）引进并经认定的区块链技术高层次人才到区内企业（机构）工作，经认定，可享受区内高层次人才优惠待遇。

区块链技术核心专业高层人才保险补贴标准。对于引进的区块链技术核心专业高层次人才，由区财政补贴社会保险个人缴纳部分。对全职引进的外籍常驻专家，基本医疗保险由区财政补贴。对于极需的国内外一流人才，在高新区安家落户且在高新区服务 5 年以上的，给予一次性 10 万元的安家补贴。对引进的学习区块链技术核心专业的大学毕业生，从入职首年起连续 3 年，基本社会保险费由财政承担。

区域人才公共落户标准。设立人才公共户，对于被高新区认定的人才本人和其直系亲属的户口可直接落到此公共户上。积极对接协调周边优质教学资源，为区块链技术人才子女入学提供便利。

企业不再向政府“要”人才，政府也不再单纯地“给”人才，而是通过政策支持、平台建设、资金引导、服务保障等，激励和引导人才围绕产业发展自主创新创业，激励和引导重点产业企业自主引进、自主培养人才。

“体制外”人才支持政策

2018 年 4 月，贵阳市印发《十条措施》。重点针对“体制外”的产业企业人才，有如下内容。

支持措施。实施领军人才“131”工程，鼓励企业引进培养领军人才团队，柔性引进高端人才智力，建立荐才引才激励制度等，拟整合科技、工信、人社、大数据等部门资金和项目资源分类实施，相关区（市、县）、开发区给予配套支持和项目落地发展服务。对企业引进培养的领军人才团队，贵阳市人才资源开发资金、相关部门项目资金将给予奖励或配套支持。

建立联动机制。建立政企联动机制，充分发挥现有企业项目引才聚才的主体作用，吸引、培养、储备产业发展紧缺人才、基础人才和后备人才。除了有专项资金落实企业引才住房补贴、招聘基础人才奖励外，贵阳市人才资源开发资金还将安排柔性引进高端人才智力、青年人才优秀项目创业资助和荐才引才奖励。

培养计划。启动企业家人才、创新人才、技能人才等重点产业人才的培养工程。在企业家人才培养方面，遴选一批 30 岁左右的企业优秀管理人才和专业技术人才进行重点培养；在创新人才培养方面，实施“3 个 50”培养计划，造就具有国际视野和创新精神的复合型干部人才；在重点产业企业每年遴选 100 名左右具有创新前景和发展潜力的优秀青年人才，分类培养具有较强创新能力的学科带头人；在技能人才培养方面，主要对“大院名校”在筑设立分院（分校）、重点产业龙头企业自办企业大学实行“一事一议”奖补；

对引进高技能人才的企业，分层次给予补贴。[①]《区块链十条政策》在人才扶持上的力度也非常大。

贵阳不断释放政策红利，惜才、引才、用才、聚才、育才。近年来，贵州着力打造“人才集聚新高地”，大力实施人才强省战略，贵阳在省委、省政府的指导下，搭建“没有围墙的科研院所”，不断强化对大数据人才的引进和培养，通过大力实施大数据“十百千万”人才培养计划，引进印度国家信息学院（NIIT)、伯克利、华唐、惠普等知名机构建立大数据人才培养基地。仅 2017 年，贵阳市培训大数据人才就达上万人次，引进高层次和紧缺大数据人才 800 余人。(见图 2. 1 和图 2. 2。)

贵阳把人才作为第一资源，强化对大数据等高科技领域人才的引进力度，夯实人才这个重要基石，聚天下英才而用之。

图 2. 1　2017 贵阳市大数据与金融人才专题培训班（一）

① 资料来自当代先锋网。

图 2.2 2017 贵阳市大数据与金融人才专题培训班（二）

第二节 产业政策 聚力发力

按照省委、省政府的部署，贵阳牢牢抓住建设国家大数据（贵州）综合试验区核心区的重大机遇，坚持把大数据产业发展作为打造公平共享创新型中心城市的战略引擎，充分发挥顶层设计、先行先试、产业生态等比较优势，相继出台了《关于加快推进大数据产业发展的若干意见》《贵阳大数据战略行动方案》等，夯实包括产业支撑、人才支撑、金融支撑、安全支撑在内的支撑体系。同时，通过着力培育创新环境、扩大开放合作、深化体制改革、健全法规标准、完善评价考核，指导、支持大数据产业健康、快速发展，为大数据企业发展护航，使大数据产业从“风生水起”到“落地生根”。

目前，贵阳已经与全球和国内外多家区块链产业、技术和金融组织、机构及企业进行多次合作洽谈（相关活动见图2.3）。如引进的瀚德金创曹彤团队，正着手开发区块链票据交易平台系统建设。联合国数字资产加密委员会、北美区块链协会（NABA）、中国区块链技术创新与应用联盟、北京数海科技有限公司等涉及区块链技术应用的企业纷纷同贵阳市开展合作，充分证明了贵阳市政府高度关注和发展区块链行业的发展战略。

图2.3　2017首届硅谷区块链金融科技峰会

贵阳正是在这种新兴洪流下，敢于积极寻求探索与发展，像发展大数据金融一样发展区块链金融，同时配套产业支持政策。

激励政策，政府聚力

《十条措施》对产业有明确的激励政策，主要内容如下。

积极推荐区块链企业申报贵州省科技型企业成长梯队。区块链企业被认定为贵阳市创新型领军企业、创新型中小企业进行培育的，分别给予40万元、20万元的补助。区块链企业被认定为高新技术企业的，一次性奖励20万元，符合条件的依法享受相关税收优惠政策。

符合“3个20万元”扶持条件的区块链微型企业，在获得扶持资格后给予10万元财政资金补助（含直接补助和后续深度扶持补助）、20万元的税收贡献激励以及20万元的相关贷款支持。

鼓励引导区块链企业及其相关机构入驻贵州大数据综合试验区区块链创新发展基地，按照合理自用原则，经审核后免费入驻；对入驻政府投资建设的办公用房的，实行收支两条线管理，租赁面积在300平方米以内的，给予全额房租补贴。

产业支持的政策标准

在具体执行上，《区块链十条政策》也很明确。

产业入驻支持。一是房租费用补贴。落地企业（机构）租用区内办公或生产用房不超过500平方米，且经认定专项用于区块链项目的，采取先缴后补的方式，从签订租赁合同起的第一年、第二年、第三年每年给予全额租金补贴。二是办公场地装修费用补贴。企业装修办公用房的，按照最高500元/平方米，总额最高不超过50万元给予补贴。

产业运营补贴支持。项目单位日常运营产生的数据储存空间租赁费用、宽带费用、水电费用，从签订租赁合同起的第一年、第二年、第三年每年按企业上述几项实际发生总额的20%给予补贴，每年补贴最高不超过50万元。

产业贡献奖励支持。区内企业（机构）通过提供区块链技术（应用）服务产生营业收入的，按年度首次达到500万元、1000万元、5000万元、1亿元以上的标准，分别给予20万元、50万元、

100 万元、200 万元的一次性奖励。

产业融资补贴支持。对区内企业（机构）获得银行业金融机构贷款，经认定专项用于区块链项目的，按照同期贷款基准利率给予第一年 100%、第二年 80%、第三年 60%的补贴，每年补贴金额最高不超过 100 万元。

产业风险补偿支持。设立风险补偿金，鼓励银行、保险等金融机构开展“投贷联动”“投贷保联动”“保贷联动”等服务创新。对向区内企业（机构）发放的区块链项目贷款发生损失的金融机构，经认定，按照单笔贷款 50%的比例给予损失补助，最高不超过 100 万元；担保公司为区内企业（机构）提供区块链项目融资担保，经认定，按照发生代偿金额的 30%给予补助，单笔金额不超过 100 万元。

上市奖励。对在境外、境内主板上市与中小板、创业板上市的，经认定属于区块链技术研发和应用创新的区内企业，分别给予 1400 万元、850 万元扶持奖励（含上级补助）；在新三板挂牌的，经认定属于区块链技术研发和应用创新的区内企业，给予 200 万元扶持奖励（含上级补助）。以上奖励分阶段给予。在境外主板、境内主板、中小板、创业板提交资料并获交易主管机构正式受理的，先给予扶持奖励的 50%，上市成功后再给予剩余的 50%；在新三板提交资料并获交易主管机构正式受理的，先给予扶持奖励的 50%，挂牌成功后再给予剩余的 50%。

根据《区块链十条政策》，企业因研发或应用区块链技术被认定为创新型企业并授牌的，按照国家级创新型企业 50 万元、省级创新型领军企业 30 万元、省级创新型企业 20 万元的标准，给予一次性扶持奖励。建设区块链创新创业基地获批授牌的，按照国家级 200

万元、省级100万元的标准，给予建设运营机构一次性扶持奖励。

企业建设区块链技术重点（工程）实验室、工程（技术）研究中心、企业技术中心等研发平台，获批授牌的，按国家级500万元、国家地方联合200万元、省级100万元的标准，给予一次性扶持奖励。

由区内企业（机构）主导研发，并经专家委员会认定该应用的核心技术属于企业自有知识产权的区块链场景应用产品，经认定已研发完成并上线运营的，给予最高100万元一次性奖励。

随着《区块链十条政策》的出台，下一步，贵阳高新区将大力推进区块链关键技术创新、区块链研发平台建设、区块链技术应用示范、区块链技术转移转化四个方面的工作，力争通过3~5年的努力，聚集一批产业特色鲜明、技术产品领先、高端人才集聚的知名企业及研发机构，实现一批区块链原创技术在高新区生长、一批区块链关键技术在高新区研发、一批区块链重点技术在高新区试验的目标，成为区块链技术和应用深入推进、政策法规先行先试、产业发展领先领跑的区域。这必将为加快高新区快速推进大数据战略行动添加新动力，吸引更多区块链创新企业、高层次人才落户高新区。

根据产业类别的不同，省、市还分别出台了相应的政策支持：

《省人民政府办公厅关于支持贵阳市大健康医药产业加快发展的意见》(黔府办发〔2016〕45号)①；

《贵阳国家高新区关于支持众创空间建设　促进大众创新创业的政策措施（创客十条）（试行）》②。

《省人民政府办公厅关于支持贵阳市大健康医药产业加快发展的

① 资料来自贵州省政府办公厅。
② 资料来自贵阳税收优惠政策官网。

意见》主要支持贵阳市以改革创新为动力，以大健康产业集聚融合为路径，以国际化、高端化、绿色化、集聚化为引领，以信息化、智能化为手段，按照“大数据+”“大生态+”“大旅游+”的理念，推动大健康与大数据、大生态、大旅游融合创新发展，促进大健康产业技术创新、业态创新、模式创新和体制机制创新，加快把贵阳市建设成全省大健康医药产业创新引领示范区。

加大财税扶持力度。省级发展改革、经济和信息化、民政、卫生计生、体育、旅游发展、扶贫、科技等部门的专项资金，按照使用方向不变、使用范围不变、管理渠道不变的原则，采取事后补助、奖励和风险补偿方式聚焦支持贵阳市大健康医药产业发展。对贵阳市的国家级医药行业创新平台、公共服务平台和资源开发类平台，可以用资本金、贷款贴息、投资补助的方式予以支持；对服务类平台，可根据服务量以政府购买服务的方式给予补助，所需资金由省应用技术研究与开发资金专项资金安排。对贵阳市大健康医药企业研发投入占营业收入达到或超过3%的，按超过上年研发投入增量的一定比例进行奖励，所需资金由省应用技术研究与开发专项资金、省工业和信息化发展专项资金给予相应补助。对贵阳市获得国家新药证书的药品以及拥有国家发明专利证书和医疗器械注册证的重大医疗器械创新产品首次在筑产业化的，由省工业和信息化发展专项资金、省应用技术研究与开发专项资金给予一定奖励。支持贵阳市以社会资本为主、财政资金参股的方式设立贵阳市大健康医药产业投资基金、股权投资基金、创业投资引导基金，省创业投资引导基金给予一定的资金引导支持。对贵阳市大健康医药企业按规定落实国家相关税收优惠政策。

强化投融资支持。鼓励和引导金融机构通过信用贷款、保证贷款、抵押贷款和知识产权质押贷款等方式，加大对贵阳市大健康医药企业的信贷支持。鼓励贵阳市开展农村承包土地经营权抵押融资业务。支持贵阳市符合条件的创业创新型大健康医药企业在主板、中小板、创业板和境外资本市场上市融资。推动贵阳市大健康医药企业到新三板、贵州股权金融资产交易中心挂牌。支持贵阳市非大健康医药企业通过换股、定向增发等方式吸收并购大健康医药企业，推动贵阳市优质大健康医药企业重组上市。鼓励贵阳市符合条件的大健康医药企业通过发行中期票据、短期融资债、公司债、资产支持债券等新型直接融资工具进行融资。推动贵阳市规模以上大健康医药企业规范化公司制改制，积极对接并充分利用多层次资本市场。

强化规划用地保障。针对符合土地利用总体规划和环境保护规划的大健康医药产业重点园区和重大项目，贵阳市要优先安排其新增建设用地指标，重点支持贵阳（乌当）医疗健康城等重大项目建设的合理用地需求。在贵阳市城市总体规划调整完善方案中，优先安排大健康医药产业发展用地。对列入省级重点项目的贵阳市大健康医药产业项目，在省级预留指标中安排新增建设用地计划指标；对非营利性医疗机构用地，符合《划拨用地目录》的可以划拨方式供地，其土地使用权不得抵押，未经批准不得转让、出租。对列入省级重点项目的贵阳市新建大健康医药产业项目，如果取得国有建设用地使用权，可以分期缴纳土地出让金，签订土地出让合同后 1 个月内缴纳出让价款的 50%，余款在 1 年内缴清。

为深入实施创新驱动发展战略，加快推进高新区众创空间建设，不断完善高新区创新创业服务功能和支撑体系，营造大众创业、万众创新的新格局，贵阳国家高新区制定了《关于支持众创空间建设促进大众创新创业的政策措施（创客十条）（试行）》：

项目运营支持标准。对入驻贵阳高新区的孵化载体及创业企业，按贵阳市住建部门近期房屋租金指导价，从签订租赁合同起的第一年、第二年、第三年分别给予100%、70%、30%租金补贴，单个项目支持面积不超过150平方米。对符合条件的创新创业项目、企业的首件发明专利，资助2万元；获省级专利金奖、外观设计金奖的专利项目，每项资助5万元；获省级专利优秀奖、外观设计优秀奖的专利项目，每项资助3万元；获市级优秀专利一等奖、二等奖、三等奖的项目，每项分别资助3万元、2万元、1万元。

项目落地的支持标准。设立贵阳高新区创新创业扶持资金，对符合条件的项目，根据其技术水平、进度，给予10万~50万元的启动资金支持。

项目融资的支持标准。设立贵阳高新区创新创业引导资金，参股孵化服务机构设立的天使投资基金和创业投资基金；天使投资机构和创业投资机构投资孵化载体在孵企业（项目），给予实际投资额不超过10%的风险补贴，单笔补贴最高不超过50万元；发挥“四台一会”（“四台一会”由管理平台、承贷平台、担保平台、公示平台和信用促进会组成，是贵阳高新区与国家开发银行贵州省分行合作建立的科技型中小企业“四台一会”融资平台，即一种由金融主体与社会信用平台相结合的中小企业贷款融资模式，贷款授信额度为10亿元）和贵阳银行科技支行、工行科技银行融资平台的服务功能，全方位帮助科技创业企业解决融资难题。对于企业通过融资担保方式获得的银行贷款，给予不超过50%的贷款利息及担保费用补贴，每年不超过 100 万元，共补贴两年。

免费云服务的支持标准。对有云服务需求的创新创业企业，按项目需要向在孵企业免费提供测试用云计算、云存储等服务，具体细则另行制定。

创业载体建设的支持标准。对认定为国家级、省级孵化载体的，分别给予 100 万元、30 万元的奖励；对各孵化载体培育经认定的高新技术企业、软件企业和创新型企业，给予每家企业 5 万元奖励，同时按每家企业 3 万元给予孵化载体奖励。对孵化载体投资建设、供在孵企业免费使用、带宽达到 100M 以上的宽带设施，按照其年带宽资费的 50%的标准对孵化载体给予补贴。孵化器内企业进入下一孵化阶段，并继续在园区进入加速器发展的，每家毕业企业奖励 20 万元，同时奖励孵化载体 10 万元。

第三节　平台政策　共享开放

贵阳区块链发展不仅在技术创新方面积极探索，在共享开放和政策支持方面也在不断寻求突破。2016 年 1 月 8 日，贵阳数据开放服务平台正式上线，目前该平台开放了贵阳及全国十几个垂直行业数据，同时还免费为创客提供运算平台和算法工具。

平台政策，构建完善平台体系

通过塑造平台优势，精准对接企业、对接项目，提升招商引资实效。出台平台支持政策为平台的发展保驾护航，从白皮书构建适应平台发展的完善的支撑体系就可见一斑。

构建政策创新平台。发挥国家大数据（贵州）综合试验区的优势，建设主权区块链应用示范区，在区块链发展和应用的体制机制、政策法规、标准规范、应用场景、生态建设等方面先行先试，占据区块链发展制高点。

打造产业集聚平台。建设贵阳区块链发展和应用特区，汇聚全球区块链技术创新创业公司，推进各类区块链应用场景落地，培育发展区块链产业生态，打造区块链产业集聚区和技术创新试验区。建立区块链产业发展联盟，“政、产、学、研”共同推进主权区块链应用。入驻区块链小镇的区块链企业享受建设用地、办公场所等方面的优惠政策。

强化基础支撑平台。以贵阳国家互联网骨干直联点和中国南方数据中心为基础，加强通信网络基础设施和数据中心平台建设，为区块链发展和应用提供高速宽带泛在的网络服务、海量存储服务和高性能云计算服务。重点扶持的区块链企业在用电价格、宽带租用、数据中心租用或云计算服务购买等方面享受优惠政策。

平台政策，支持标准

贵阳在《关于支持区块链发展和应用的若干政策措施（试行）》中提出了针对平台的支持政策标准：

鼓励由区块链企业或相关机构牵头建立围绕区块链场景应用的产业技术创新战略联盟，被认定为国家级产业技术创新战略联盟的，一次性补助500万元，并在科研项目立项上给予重点倾斜支持。

鼓励区块链企业和相关机构围绕区块链应用场景需求，积极探索在区块链领域开展测试、数字资产鉴定、评估、抵押等业务。对成立区块链测试、数字资产鉴定、评估、抵押等专门机构的，经认定获得相关资质后，一次性补助100万元。

对新认定的区块链领域的国家地方联合工程研究中心（工程实验室），按照省级支持额度，市级按1:1比例给予配套资金支持。对新认定的区块链领域的国家级、省级企业技术中心，分别给予一次性500万元、100万元资助。

对新认定的区块链领域的国家级工程技术研究中心、重点实验室和省级工程技术研究中心、重点实验室，分别给予一次性500万元、100万元资助，对已经认定并考核优秀的上述创新平台，给予持续支持。

推进小微企业创业创新基地城市示范，建设区块链创业创新示范基地，对以区块链场景应用为主的创业创新基地给予不超过建设费用总额的20%且最高不超过500万元的一次性补贴。对以区块链场景应用为主的国家级、省级、市级创业创新示范基地，分别给予一次性奖励100万元、50万元、30万元。对通过年度考核的市级以上区块链创业创新基地，给予最高不超过50万元的运营补贴。

支持和鼓励区块链场景应用孵化器建设。经认定的国家级、省级、市级区块链领域众创空间（孵化器），分别给予50万元、30万元、20万元的一次性奖励。对市级区块链领域众创空间（孵化器），基于创新创业服务情况进行年度考核，根据年度考核评分给予每年最高不超过40万元的补贴。

共享开放数据的应用标准

2017年4月11日，中国首部设区市层面大数据方面的地方性法规政策——《贵阳市政府数据共享开放条例》（以下简称《条例》）正式对外发布。

《条例》是贵阳市实施以大数据为引领加快打造创新型中心城市

战略目标以来，第一个事关大数据的地方立法，同时也是《中华人民共和国立法法》修订后完成的全国首部设区市层面大数据方面的地方性法规，填补了贵阳大数据方面的法规空白。《条例》通过地方立法，对政府数据“聚、通、用”各个环节，在部门职责、平台搭建、数据采集、监督管理、安全保障等方面予以规范和促进，推动政府数据共享开放工作有序进行，为贵阳大数据发展奠定坚实的法律基础。

未来，贵阳市将依托“贵阳市政府数据开放平台”，在依法共享开放的基础上，坚持以需求为导向，稳步开放政府数据，规范数据共享开放管理，保障数据安全，推动政府数据共享开放工作的实施。

《贵州省大数据发展应用促进条例》中也有专门涉及共享开放的政策应用的标准。

平台数据应用原则。贵州省人民政府按照“统一标准、依法管理，主动提供、无偿服务，便捷高效、安全可靠”的原则，制定全省公共数据共享开放措施，推动公共数据率先共享开放。数据共享开放，应当维护国家安全和社会公共安全，保守国家秘密、商业秘密，保护个人隐私，保护数据权益人的合法权益。任何单位和个人不得利用数据共享开放从事违法犯罪活动。

实行公共数据开放负面清单制度。除法律法规另有规定外，公共数据应当向社会开放；依法不能向社会开放的公共数据、目录应当向社会公布。依法不能向社会开放的公共数据，涉及特定公民、法人和其他组织重大利益关系的，经申请可以向该特定对象开放。公共数据共享开放，应当符合统一的格式标准，内容应当真实、准确、完整。通过共享开放获取的公共数据，与纸质文书原件具有同等效力。

实行公共数据共享开放风险评估制度。提供公共数据的单位应当按照法律法规和保密、安全管理等规定，对公共数据进行风险评估，保证共享开放数据安全。“云上贵州”管理机构应当对通过该平台共享开放的公共数据进行风险审核，发现可能存在风险时，应当及时告知提供单位，提供单位应当及时处理并予以反馈。鼓励单位和个人对共享开放的数据进行分析、挖掘、研究，开展大数据开发和创新应用。

第四节 创新政策 激发动力

区块链第一次将数字、数据与货币这些密不可分的线拧成了一股绳。贵阳探索出了区块链技术在跨区域、跨场景、跨部门的综合应用空间。通过不断验证与实践，贵阳创新性地提出了“绳网结构”理论。在这一点上，贵阳和包括美国在内的西方发达国家站在了同一起跑线上。

由此，贵阳区块链发展和应用通过创新，形成了“从局部合力到整体合力，从局部智慧到立体智慧的格局”。

唯创新者进，唯创新者强，唯创新者胜。大数据之于贵阳，是驱动发展的一股强大的创新力量，已然成为引领贵阳经济社会发展的强大引擎。据统计，目前以大数据为代表的新动能对贵阳经济增长的贡献率达到33%。

作为贵州省省会，贵阳在全省经济社会发展中承担着“火车头”“发动机”的重任。近年来，在省委、省政府的坚强领导下，贵阳坚持“高一格”“快一步”“深一层”推动大数据战略行动，在推动大数据与实体经济深度融合、大数据精准高效扶贫、大数据服务民生、大数据融入社会治理等方面深耕细作、砥砺前行，在加快建成“中国数谷”的道路上屡创佳绩。瞄准建设公平共享创新型中心城市的目标，贵阳以大数据为抓手，稳步推动实体经济转型升级、推进农村产业革命、提高人民群众生活质量、提高政府治理能力和水平，为共商、共建、共享爽爽贵阳新未来注入源源不断的动力。①

创新政策，构建“双创”支撑体系

白皮书针对区块链创新构建了具体的“双创”支撑体系的几个支点。

打造创业创新基地。推进小微企业创业创新基地城市示范，建设区块链创业创新示范基地。

兴建区块链应用孵化器。鼓励和支持区块链技术应用型企业，围绕场景应用建设相应的孵化器。

加强技术创新能力建设。推进以政府引导、社会参与、企业高校和科研机构为主体的创新能力建设，建设国家级区块链技术工程实验室、重点实验室，支持企业建设工程技术中心、协同创新中心等，建立一批面向区块链相关领域的技术攻关平台、共性基础研究平台、工程技术应用平台、质量发展和标准信息平台、检验检测认证平台、公共技术支撑平台等，构建具有块数据城市特色的区块链技术创新体系。

完善区块链创业公共服务。鼓励和支持区块链联盟企业建设服

① 资料来自《贵阳日报》。

务于区块链创业企业的公共服务平台，提供网络支撑、数据服务、资源共享、认证认可、检验检测等公共服务。

创新政策，支持标准

在《关于支持区块链发展和应用的若干政策措施（试行）》中就有明确的关于创新的政策支持标准。

鼓励区块链企业向高校、科研院所、科技服务机构等单位或其他企业购买科技创新服务和技术成果。对区块链企业购买科技创新服务和技术成果并签订技术合同的，经认定按成交额的5%给予资助，其中签订技术开发合同和技术转让合同的，资助最高不超过50万元；签订技术咨询和技术服务合同的，资助最高不超过20万元。

以区块链应用场景需求为导向，研制和推广主权区块链、绳网理论、精准扶贫、“数据铁笼”、供应链管理等领域的重点标准。对牵头制定区块链技术及场景应用相关标准的单位或个人，按国际标准、国家标准、行业标准与地方标准分别给予100万元、50万元、20万元与10万元补助。鼓励具备相应资质能力的各类社会团体法人协调相关市场主体，共同制定满足区块链应用需求的团体标准，对牵头制定区块链团体标准的单位给予10万元补助。

加大对区块链重大创新及成果转化项目的支持力度，对获得国家科技财政拨款的重大科技项目，给予国家财政资助额的50%、最高不超过500万元的补助。区块链企业被认定为贵阳市知识产权示范企业的，在签订示范工作合同后资助10万元，实施示范工作一年后经中期检查合格的再资助10万元，三年示范工作结束后经考核合格的继续给予30万元资助。

对新获得中国专利金奖、中国专利优秀奖的区块链企业，分别给予30万元、10万元奖励，对新获得贵州省专利金奖的区块链企业给予10万元资助。支持企业以转让、实施许可等方式购买专利所有权或专利使用权，交易额在20万元以上且属非关联交易的，按照交易额的10%予以一次性补助，最高不超过20万元。

在创新政策上，贵阳国家高新区《促进区块链技术创新及应用示范十条政策措施（试行）》对创新予以大力支持。

区内企业（机构）通过专利合作条约（PCT）途径或巴黎公约途径向国外申请区块链技术发明专利的，获得授权后每件奖励30万元；区内企业（机构）获得国内区块链技术发明专利的，获得授权后每件奖励5万元；对区块链技术版权登记、计算机软件著作权登记，每件奖励1万元。

对区内企业（机构）因研发或应用区块链技术被认定为创新型企业并授牌的，按照国家级创新型企业50万元、省级创新型领军企业30万元、省级创新型企业20万元的标准，给予一次性扶持奖励。

区内企业（机构）建设区块链创新创业基地获批授牌的，按照国家级200万元、省级100万元的标准，给予建设运营机构一次性扶持奖励。

对主导编制区块链技术及应用标准（规范）的区内企业（机构），获中国标准创新奖的，给予50万元奖励；对列入前三位的起草单位，企业标准转化为国际标准的，分别奖励100万元、50万元、20万元；转化为国家标准的，分别奖励50万元、20万元、10万元；转化为行业标准的，分别奖励20万元、10万元、5万元；转化为省地方标准的，分别奖励5万元、2万元、1万元。对获批承担国家、行业、省级标准化专业技术委员会秘书处的机构，分别给予50万元、20 万元、5 万元奖励。

对区内企业（机构）经认定因研发或应用区块链技术在市级以上创新大赛中获奖的，按照国际级 200 万元、国家级 100 万元、省级 50 万元、市级 20 万元的标准，给予一次性扶持奖励。

区内企业（机构）建设区块链技术重点（工程）实验室、工程（技术）研究中心、企业技术中心等研发平台，获批授牌的，按国家级 500 万元、国家地方联合 200 万元、省级 100 万元的标准，给予一次性扶持奖励。

创新成果奖励与宣传支持方法

针对优质创新区块链企业，贵阳市政府还有专门的成果奖励政策以及后期的宣传支撑体系。

成果奖励。区内企业（机构）在区块链分布式账本、对称加密和授权技术、共识机制、智能合约方面在全国全球范围内率先取得技术突破，经专家委员会评审认定有效，且属于重大突破的，一次性给予最高不超过 200 万元的奖励。

宣传支撑体系。加强宣传引导。各级宣传部门大力宣传贵阳区块链发展的新进展、新举措和新成效，引导和汇聚社会各界力量共同参与贵阳区块链发展。创立贵阳区块链自媒体，加强主流媒体宣传力度，及时传播贵阳区块链发展和应用的动态。

举办高层次会展。依托数博会等平台，举办具有国际影响力的区块链高峰论坛，吸引全球区块链领先企业和领军人物参与，集中展示和推广国内外区块链技术研发、产品应用、解决方案等最新成果，推进区块链技术研发者、创意者、生产商、应用商、投资商、交易商云集贵阳，促进人才交流、市场交易、创新发展，形成贵阳区块链发展和应用的品牌影响力。

第五节 综合政策 发展应用

贵阳依托贵州金融城，大力发展以大数据为基础的互联网金融、区块链金融、VR/AR（虚拟现实/增强现实）金融，构建票据链、供应链、交易中心链等价值链条，当前已初步形成以大数据金融、众筹金融、移动金融、区块链金融为特色的新金融生态体系。

金融支撑体系支撑点

白皮书中的金融支撑体系彰显了巨大的政府支持力量。

发挥政府引导基金撬动作用，充分发挥各类社会资本的积极作用。

创新融资模式。发挥在黔金融机构科技金融事业部、科技支行的引领作用，创新科技信贷审批机制，推动商业银行建立科技贷款绿色通道，完善授信尽职免责机制，提高风险容忍度，支持区块链企业创新发展。

支持优质企业上市发展。发挥省、市企业上市支持政策的保障作用，支持设立贵州四板股权投资基金，投资区块链应用挂牌企业，支持企业加快发展。

积极开展科技保险。探索建立服务科技保险发展的综合性保险中介服务机构，加快创新科技保险产品，提高科技保险服务质量。

建立符合科技创新规律的财政投入体系。加大区块链技术财政投入，支持区块链关键技术攻关和公共服务平台建设，为区块链企业技术创新、场景应用提供良好的政策环境。

金融政策，支持标准

《关于支持区块链发展和应用的若干政策措施（试行）》根据实际发展规范了金融支持政策标准。

区块链企业技术及场景应用项目符合《贵州省科技成果转化基金管理暂行办法》规定的，可申请贵州省科技成果转化基金以股权投资方式直接投资，比例不超过企业注册资本或总投资的20%。

对区块链企业通过融资担保方式获得的银行贷款，给予贷款利息及担保费用全额补贴。

支持和鼓励区块链企业上市，分阶段给予奖励。在主板上市的企业奖励1000万元，在中小板、创业板上市的企业奖励500万元，在新三板上市的企业奖励150万元。

贵阳国家高新区按照“发展高科技，实现产业化”的战略要求，全力营造“爱商、敬商、护商”的发展环境，推动产业发展，加大金融政策支持，相继出台了《大数据技术创新十条》《科技创新十条》《国际化水平十条》《大数据招商引智十条》等一系列优惠政策。

自2014年以来，贵阳国家高新区信守承诺，相继兑现各类扶持资金6亿元，涉及科技创新、知识产权、发明专利、人才支持等各个方面。

招商引资优惠政策兑现中心由“一办、一平台、一窗口”构成。“一办”即招商引资政策兑现办公室，负责招商引资项目优惠政策兑现事项的受理、交办、催办、督办等工作；“一平台”即招商引资政策兑现服务平台，由高新区财政局、投促局、产发局、科技创新局、创业服务中心、产投集团等相关机构组成，平台主要负责政策兑现过程中现场核验、协议履行情况及政策把关等工作；“一窗口”即政策兑现代办服务窗口，主要设在政务服务大厅，负责向投资者提供优惠政策兑现及相关政策法规的咨询服务、资料审核及兑现事项受理等。

为使企业感受到透明、高效、便捷、快速的优质政策服务，招商引资优惠政策兑现中心将设置并优化政策兑现流程，实施流程标准化建设，明确每个流程的办理时限、办理过程。同时，按照“一个窗口对外、一站式服务、一次性告知、一次性申报受理、一次性兑现到位”的思路，简化办事程序，做到三个步骤完成政策兑现流程，20 个工作日让企业享受到兑现资金。

贵阳国家高新区招商引资优惠政策兑现中心还将实行网上并联办理，强化协同监管，做到“一窗受理、并联审批、网上督办、限时办结”，全心全力为企业落地做好各项服务工作，及时协调解决存在的问题和困难，为企业在高新区的健康稳定发展创造更加有利的条件。①

区块链发展政策，重在促进应用

从实践角度来说，区块链的热潮正是源于其大量的场景应用。在大数据发展应用以及区块链应用上，贵阳一直都走在前列。

在《贵州省大数据发展应用促进条例》中就能看到针对发展应用的政策支撑条例。

贵州省、市（州）人民政府可以设立大数据发展应用专项资金，用于大数据发展应用研究和标准制定、产业链构建、重大应用示范工程建设、创业孵化等；县级人民政府根据需要，可以相应设立大数据发展应用专项资金。依法设立大数据发展基金，引导社会资本投资大数据发展应用。鼓励金融机构创新金融产品，完善金融服务，

① 资料来自中国新闻网。

支持大数据发展应用；鼓励社会资金采取风险投资、创业投资、股权投资等方式，参与大数据发展应用；鼓励、支持符合条件的大数据企业依法进入资本市场融资。

县级以上人民政府可以确定本行政区域大数据发展应用重点领域，制定支持大数据产业发展、产品应用、购买服务等的政策措施。

县级以上人民政府应当结合本行政区域大数据发展应用重点领域，制定大数据人才引进培养计划，积极引进领军人才和高层次人才，加强本土人才培养，并为大数据人才开展教学科研和创业创新等活动创造条件。

县级以上人民政府应当根据土地利用总体规划和大数据发展应用总体规划、专项规划，保障大数据项目建设用地；对新增大数据项目建设用地，优先列入近期城乡规划、土地利用年度计划；年度内新增建设用地，优先用于大数据建设项目。

符合国家税收优惠政策规定的大数据企业，享受税收优惠。

大数据高层次人才或者大数据企业员工年缴纳个人所得税达到规定数额的，按照有关规定给予奖励，具体办法由省人民政府制定。省人民政府应当整合资源、加大投入，加快信息基础设施建设，推动省内通信网络互联互通，提高城乡宽带、移动互联网覆盖率和接入能力，推进全省通信骨干网络扩容升级，提升互联网出省带宽能力。鼓励、支持网络通信运营企业加快骨干传输网、无线宽带网及新一代移动互联网的建设和改造升级，优化网络通信基础设施布局，提高网络通信质量，降低网络通信资费。贵州省人民政府应当组织有关部门、教学科研机构等积极开展大数据发展应用相关标准研究，推动建立地方、行业大数据发展应用标准体系。鼓励大数据企业研究并制定大数据发展应用相关标准。

对政府投资的大数据工程应当进行项目需求分析，科学确定项目建设内容和投资规模，严格项目审批程序，并按照国家有关规定加强项目全过程管理。公共机构已建、在建信息平台和信息系统应当依法实现互联互通，不得新建孤立的信息平台和信息系统，设置妨碍互联互通的技术壁垒。省人民政府信息化行政主管部门会同相关部门制定公共数据资源分级分类管理办法，依法建立健全公共数据采集制度。任何单位或者个人不得非法采集涉及国家利益、公共安全、商业秘密、个人隐私、军工科研生产等数据，采集数据不得损害被采集人的合法权益。通过公共平台可以获得的共享数据，公共机构不得向相关单位和个人重复采集，上级部门和单位不得要求下级部门和单位重复上报，法律法规另有规定的除外。

培育数据交易市场，规范交易行为。数据资源交易应当遵循自愿、公平和诚实信用原则，遵守法律法规，尊重社会公德，不得损害国家利益、社会公共利益和他人合法权益。数据交易应当依法订立合同，明确数据质量、交易价格、提交方式、数据用途等内容。推行数据交易合同示范文本。鼓励和引导数据交易当事人在依法设立的数据交易服务机构进行数据交易。数据交易服务机构应当具备与开展数据交易服务相适应的条件，配备相关人员，制定数据交易规则、数据交易备案登记等管理制度，依法提供交易服务。

县级以上人民政府应当加强社会治理大数据应用，推动简政放权，提升宏观调控、市场监管与公共服务等决策、管理、服务能力。实施“数据铁笼”，规范权力行使，对公共权力、公共资源交易、公共资金等实行全程监督。

县级以上人民政府应当推进信息化与农业、工业、服务业等产业的深度融合，推动现代山地特色高效农业、大健康、旅游、新型建筑材料等领域的大数据应用，提升相关产业大数据资源的分析应用能力，培育互联网金融、大数据处理分析等新业态，推动产业转型升级。

县级以上人民政府应当在社会保障、公共安全、人居环境、劳动就业、文化教育、交通运输、综合治税、消费维权等领域开展大数据应用，优化公共资源配置，提高公共服务水平。推进大数据精准扶贫，建设涉农数据交换与共享平台，实现涉农基本数据动态化、数字化、常态化精准管理。

县级以上人民政府应当积极支持大数据关键技术、解决方案、重点产品、配套服务、商业模式创新和应用研究，培养大数据骨干企业，推动大众创业、万众创新。

贵阳区块链发展和应用与社会系统紧密结合，将价值存储和应用与社会管理紧密相连，奠定了坚实的应用基础，更好地体现了区块链的经济社会价值。

第三章　学术研究

形成区块链金融系统思考

继《贵阳区块链发展和应用》白皮书发布之后，以引领区块链自主创新技术力量为主旨的发展战略，再度使贵阳成为各界关注的焦点。这其中的学术研究更是持续不断，除了《大数据金融》杂志所刊载的专家学者观点之外，还可以从贵阳相继出版的与区块链相关的学术著作当中管中窥豹。

贵阳为使区块链技术更好地应用于各领域，联合相关的专家学者，凝练其智慧，编著出版了“大数据金融丛书”。该丛书从哲学、理论、技术、应用等多个角度来剖析区块链，开创了新视野，为共同探索区块链形成体系以及可应用场景提供了重要帮助。

丛书已出版的分册有《区块链世界》《区块链与大数据》《众链》《区块链金融》等。贵阳对区块链金融的学术探索是系统性的：《区块链世界》是基本篇与体系篇，构建了区块链理论框架；《区块链与大数据》与《众链》是贵阳对区块链在金融领域应用的探索；《区块链金融》呈现的是贵阳在金融领域应用区块链的初步落地。

第一节 《区块链世界》塑造区块链应用理论基石

区块链概念起源于比特币系统。但其基本操作形式与体系一直不被人们熟知，直到 2015 年初，区块链这一概念才被社会大众关注，由其衍生出的行业教育也是从那时才开始进行。随着社会的关注越来越多，围绕区块链的技术和商业应用也迅猛发展。尽管如此，依然有众多领域对区块链技术的应用不甚了解，这会阻碍区块链技术在各领域普及的进度。

在贵阳大数据金融丛书编委会的统筹下，落户贵阳的区块链团队，硅谷风投精准资本创始人井底望天、贵阳井通金融科技有限公司（以下简称“井通科技”）执行董事武源文、井通科技 CEO（首席执行官）史伯平、中关村大数据产业联盟秘书长兼北京大数据研究院副院长赵国栋联合出版了《区块链世界》（见图 3. 1）。

《区块链世界》一书深度探秘区块链世界，为区块链技术应用搭建了基本理论框架。区块链是一项划时代的革命性新技术，《区块链世界》的作者对区块链的底层技术和各种技术模式有深入的了解，并在实践中积累了丰富的经验，这本书可以带领人们近距离地了解区块链，走进区块链的世界。

图 3.1 《区块链世界》

主要结构

《区块链世界》一书分为上、下两篇。上篇通过翔实的案例和分析，回顾了区块链的诞生、成长历程及里程碑事件，详尽地介绍了区块链技术的独特性、机制的科学性与逻辑的艺术性，解读了区块链技术在金融、防伪、医疗等十余个行业场景落地应用案例，并展望了区块链在公证防伪、智慧医疗、智慧能源、智能互联网、互联网管理、政府管理等领域的应用。下篇结合二十国集团峰会精神、“十三五”规划等最新政策，探索研究了区块链在引领新技术变革、发展数字经济、产生新社会变革等方面的作用，并针对区块链面临的技术风险、市场风险、道德风险等挑战给出了合理化原则建议。

主要内容及观点

可以说，《区块链世界》创造性地从哲学观和方法论角度对区块链的基本理论进行了系统梳理，通过对非对称加密、Hash（哈希）算法、分布式共识技术等区块链技术的深入讲解，从专业角度系统解析了区块链底层技术本源、流派类别和应用发展体系，解构了区块链的发展逻辑，并预测了区块链的未来发展趋势。区块链从根本上颠覆了传统的固有逻辑和运行模式，突破了传统机制的限制，踏入了一系列全新的应用领域，将重构互联网，成为社会经济发展的关键底层基础设施。

《区块链世界》一书以东方文化的视角，阐述了我们对于区块链的理解和实践，第一次提出了中国区块链的发展逻辑和工作思路。

对大数据区块链的思考

2005 年，联合国定义了“普惠金融体系”的概念：以有效的方式使金融服务惠及每一个人，尤其是那些通过传统金融体系难以获得金融服务的弱势群体。随着各种数字普惠金融商业模式的创新和发展，在传统金融模式下无法解决的信息不对称、风险大、成本高等难题，已经有了全新的解决方案。即发展互联网金融是实现普惠金融的最佳路径，它可以实现破垄断、广覆盖、降成本、促创新、可协同等多个目标。

区块链作为新一代互联网技术，把数字经济拉到了新的腾飞起点上。区块链技术去中心化的信任机制，颠覆了传统金融信用中心式的服务模式；可以重构信用形成机制，进行集体的维护，信息完整且可信任度与安全性较高，因为交易都是在匿名状态下进行的。基于上述原因，区块链技术有以下优点：一是可以通过全网记账系统创造普惠信用体系；二是通过去中心化避免垄断，降低交易成本；三是通过开源民主机制实现共享金融；四是预防故障与攻击，因为攻击区块链技术其中的一点，并不会对整个系统造成影响；五是能够更好地满足监管和审计的要求。这些特点都为数字经济进行新的创新提供了技术支撑，也必将为未来的世界经济助力。

区块链的去中心化、公开透明、价值交换等特性，使区块链技术成为科技领域最具颠覆性的创新之一。通过这本书可以看到区块链将打通多个维度和无数并无直接关联的产业链，让各行各业可以跨界互联，产生无数新信息、新业务、新行业，创造的是新价值和新机会，带来的是一个新的未来世界。

第二节 《区块链与大数据》解构区块链技术体系

贵阳通过《区块链世界》为人们描绘了区块链技术的应用体系，提供了区块链的基本理论知识。在此理论框架之下，贵阳不断研究区块链技术与大数据之间的关系，从而使区块链能够与之契合。因此，继《区块链世界》之后，硅谷风投精准资本创始人井底望天、井通科技执行董事武源文、中关村大数据产业联盟秘书长兼北京大数据研究院副院长赵国栋及贵阳众筹金融交易所董事长、贵州财经大学大数据金融学院院长刘文献共同出版了《区块链与大数据：打造智能经济》一书（见图 3.2），该书成了贵阳完善大数据发展的跳板。

图 3.2 《区块链与大数据：打造智能经济》

主要结构

《区块链与大数据：打造智能经济》一书共分为八章。

第一章总结了大数据产业产生和发展的过程以及当前面临的困境，提纲挈领地引出了后续的内容，全书内容围绕着如何突破当前困境这一主线展开。

第二章是对区块链的基本介绍，区块链能够和大数据有效结合的这些特点都在这章被重点提出并予以说明。

第三章从哲学逻辑上论述了为什么会产生大数据产业以及这个产业未来会对人类社会生活产生的巨大影响。

第四章则从技术上剖析了大数据产业与区块链结合的技术逻辑和前景，为接下来深入分析相关应用做了充分的技术准备。

第五章到第七章详细介绍了大数据与区块链相结合之后的应用。第五章是综述，第六、七章是深入分析和解读。

第八章的展望不仅仅是基于大数据和区块链结合之后产生的威力，更包括未来随着大数据和区块链技术的发展，会进一步产生的新生命力。现在缺陷较多的大数据产业和技术正在快速发展的区块链，远不能代表未来这些行业能达到的高度，所以区块链和大数据发展前景十分广阔。

主要内容

《区块链与大数据：打造智能经济》概括了大数据产业发展过程中面临的一系列困境，从理论和实践上论述了区块链技术对大数据产业发展的推动作用，更展望了未来大数据和区块链技术相结合的巨大威力和广阔的发展前景。

核心观点

区块链技术和大数据结合，确实可以在一定程度上为大数据应用提供帮助，甚至在某些应用场景中，可以颠覆性地解决当前大数据应用面临的主要掣肘。如何充分发挥区块链和大数据相结合的巨大优势，找到区块链和大数据在技术上、实践上的结合方式，是非常值得探讨的话题，也是这本书的主要关注点。

对大数据区块链金融的思考

《区块链与大数据：打造智能经济》分析了大数据发展面临的困境，尤其是近年来互联网信息化技术、云计算以及物联网技术的快速发展和逐步成熟，解决了海量数据的生产、采集、存储和处理等难题，数据的潜力得到了空前的释放，数据流通不足成了当前面临的巨大挑战。而大数据的价值则在于多源数据的融合，目前的数据流通已经严重制约了社会整体大数据价值的发挥，数据的开放、共享、流通和隐私保护问题成了大数据快速发展道路上的最大障碍。只有当不同的数据源开放共享，才能达成“社会化大数据”这个目标，否则，独立存在、互不共享的数据源只是形成了一个个数据孤岛而已。

但是，数据开放共享面临的阻力可能远远超出人们的想象。究其原因，现在的信息化技术——数据库、云计算、数据中心等都是基于为中心化服务的思想而设立的，这必然导致数据高度集中，形成数据垄断。因此，数据垄断扼杀数据创新的问题也将长期存在，如何在数据所有权和数据共享之间找到合适的平衡点，是大数据生态能否健康发展的核心问题之一。而有什么方法能够促使大数据突破困境、获得更高层次的发展呢？区块链加密共享、分布式账本的技术特性为解决数据开放共享和流通提供了新的解决思路，不仅能促进数据的流通、破解大数据发展的困局，而且能通过构建价值互联网络逐步推动形成社会化的大数据互联互通。同时，区块链还能促进更平等和自由的数据流动，它所产生的基于共识的数据具有更致密的价值属性。区块链以其可追溯性、安全性和不可篡改性等技术，将在解决数据互联互通和开放共享的问题上发挥巨大作用，降低信息摩擦，突破信息孤岛。从长远来看，区块链与大数据的结合必将给整个人类社会带来翻天覆地的变化。

区块链技术的核心意义，就是构建了不依赖第三方的、自运行的社会信任网络，推动整个社会实现了价值互联。其标志不仅仅是让现在的物质资产、金融资产、信息资产、人力资源等可以更好地体现其价值，还可以让现在无法简单计价和量化的社会关系、个人背景、时间精力、思想火花、进取心、上进心等，逐步成为可以计价和量化的社会资产，全方位地推动社会生产力的发展，推动人类社会迈上新的台阶。

区块链和大数据技术是伴随人类社会一步步共生进化而来的。大数据的内核仍然是统计分析，其背后的动力是人类对未来的精准预测；而区块链的底层逻辑是去中心化、自治、开放和透明，无论人们是否关注过这些深邃的底层逻辑，构筑怎样的世界观体系，现实对技术驱动力量的需求只有一个——效率！科技始终要服务于社会需要这个大原则，区块链和大数据相结合，将真正起到促进社会协同融合的作用。

区块链与大数据，两个本不相关的技术相遇在数据交易与流通领域。开放是原则，监管是基础，《区块链与大数据：打造智能经济》一书为人们提供了一种新的思路，为大数据社会共治奠定了理论基础。

第三节　《众链》解读区块链探索与创新

贵阳是一个充满奇迹的地方，从 2016 年底开始，贵阳又开启了一个新的神奇探索，那就是推动区块链技术运用在经济社会发展的各个领域。

2017 年 5 月，数博会精彩开启，贵阳这片神奇的热土又一次迎来全球的聚焦。

正是在此背景之下，在贵阳大数据金融丛书编委会的统筹下，落户贵阳的刘文献院长及其团队在将区块链与大数据紧密结合起来的实践过程中，推出了《众链：区块链大数据与众筹金融新世界》一书（见图 3.3）。

图 3.3　《众链：区块链大数据与众筹金融新世界》

主要结构

《众链：区块链大数据与众筹金融新世界》一书共分为八章，以众筹金融交易为中心，去思考构建区块链大数据环境下的众筹金融新世界。也就是说，要以一个大的交易所联盟公链为核心，把广众的各种拟发行的产品区块链、供应区块链连过来，把销售环节的电商及积分区块链连过来，把各个保荐机构、发行机构、承销机构的发行区块链连过来，把广大投资者的投资链连过来，把金融机构的增值衍生服务区块链连过来，共同连成一个标准一致、数据私密后可定向共享、所有分布子链和节点的账本不可更改、产品或企业的市值可以通过全链共识和智能合约进行众筹发售、发行、交易、增值金融服务的区块链大数据众筹金融生态链体系。

主要内容

数字普惠金融在我国的发展已经历了早期的狂热阶段，现已呈现出谨慎内敛的发展态势，若要在此时进入规范、高速的发展通道，就需要借助全新的金融科技工具，而区块链技术拥有重新定义整个金融市场的力量。

《众链：区块链大数据与众筹金融新世界》对区块链理念、应用机制、发展前景等进行了全方位解读，尤其重点介绍了中国创新型城市之一贵阳的区块链发展战略及实践成果，从数据层、网络层、共识层、激励层、合约层和应用层对主权区块链的技术架构做出了说明，通过构建“一核、四区、多中心”的空间布局与不同阶段的应用路径和推进方案，对贵阳发展区块链的路线图做出了总体规划。

该书旨在帮助读者读懂区块链，读懂区块链金融与大数据金融、众筹金融的结合，读懂互联网金融新时代。

核心观点

《众链：区块链大数据与众筹金融新世界》试图把大众消费通过区块链技术固化，更好地记载下来，同时也提高它自动化记账的程度和智能合约的转让效率，以及共识管理的自动化水平，让电商平台可以很好地利用最新技术。

《众链：区块链大数据与众筹金融新世界》一书把大数据比喻为河流，区块链是河床，众筹 VR 是船，实体经济是港口，移动金融则是天空，它们之间可以形成有效的逻辑关系。

对大数据区块链金融的思考

当前的大数据没有规章，很难得到真实的数据和全部的数据，当前较多大数据征信平台是基于外部诚信（工商局、法院的数据）建立的，但一个企业的核心数据往往是财务数据、税务数据、银行数据，如果能够获得这样的数据，建立中小企业的信用区块链园区，就可以自动记载且记录不可更改。企业的财务数据、税务数据、银行数据通过销存分析、财务分析就可以得出市值和风控点，即电子发票。一旦达到这样的效果，距离数据安全目标就不远了。

区块链是一个账本，并且是一个连续的、不可更改的账本，如果把电商看成是一个区块链，把销售节点、刷卡节点都看作节点，消费就是真实的。现在要查询积分很困难，如果有了区块链技术和账本技术，就变得很容易，就可以形成具有共识和智能的合约，甚至可以清晰地知道哪些积分该进入线下兑换、线下服务，哪些服务可以和线上其他积分进行互换、转让、交易。

贵阳尝试用区块链做底层，应用到消费积分的体系里，创立积分的交换体系。这些都涉及区块链技术，这些场景都不可更改。现在交易所发行了交易积分，如果要审核一家积分到这里发行，比如说有一万个积分要发行，审核会非常麻烦，因为要有一个个发行台账，要请会计师事务所或者是律师事务所处理。但如果使用区块链的账本，就可以自动生成合约，根据事先达成的共识，能够很快确定哪些可以上线交易，哪些不能上线交易。在区块链技术和大数据技术中可以清楚地看到客户有哪些类型的消费积分。通过大数据技术，推送消费者喜欢的东西，促进 IP 消费。

贵阳希望推动区块链电商平台，让每个城市就像“一村一品”，贵阳则是“一市一品”，选择好的地标产品，用区块链技术对生产过程、销售过程、管理过程进行记载，这样一来，贵阳就可以产生像杭州阿里巴巴一样的区块链电商。

贵阳站在“中国最创新城市”的位置上，试图抓住区块链金融科技这一互联网革命性技术，构建一个价值互联网新世界，生产可信的、不可更改的块数据，进而用人工智能学习分析建模判断，依靠网络分布节点的共识得出信用估值和风险痛点，从而构建众筹金融新世界的法理基础和现实体系支撑。

贵阳正以区块链为基石，进行金融科技的顶层设计。开创性地提出“主权区块链”“绳网结构”等理论，这是贵阳区块链的“顶层设计”；提出应用才是搭建起区块链技术和数字金融发展的关键支撑，是发挥区块链经济社会价值的重点环节。区块链是金融科技的重要技术，未来，区块链将逐渐建立起新的互联网社会生态和社会秩序，构建“秩序互联网”。

区块链、大数据作为一种技术手段，在银行、保险、互联网金融、大数据交易、现代服务业、大数据消费积分电商等领域取得突破，实体经济也随之不断发展。区块链不仅是一个全新的技术，更是打开生态金融的未来之门。

第四节　《区块链金融》解析区块链金融的理论实践

2016年11月3日，“大数据金融丛书”之《区块链金融》（见图3.4）在筑首发。《区块链金融》一书由落户贵阳的瀚德创客金融投资有限公司所属的瀚德研究院撰写，由中信出版社出版，是一部供金融科技从业者研读的专著。

如果说《区块链世界》《区块链与大数据》《众链》是贵阳对区块链在金融领域应用的摸索，那么可以说《区块链金融》的出现标志着贵阳正式踏上了区块链在金融领域实践的征程。

图3.4　《区块链金融》

主要结构

《区块链金融》一书共分为六章。

第一章以区块链金融演绎路程为出发点，阐述了比特币应用的风险及区块链在金融科技应用上的未来之路。

第二章至第五章重点阐述了区块链在银行、证券、保险及其他金融业等金融领域的创新应用。作为金融科技领域的颠覆式创新技术，区块链在很大程度上将重构商业世界的未来，引发金融市场的变革，促进金融科技融合，推动金融代际的跃升。

第六章从政策建议上为区块链金融的发展规划了良好的路线。

主要内容及核心观点

《区块链金融》从专业角度对区块链这一炙手可热的现象及概念做出了出色而全面的解读，描画出区块链金融潜能无限的未来蓝图。

这本书对区块链的技术原理、前沿应用、未来发展等多个方面做了详细解读，对区块链在银行、证券、保险等行业中的运用，包括其现状、挑战与愿景等，都做出了透彻的分析。区块链作为金融科技领域的一种颠覆式创新技术，在很大程度上可以定义商业世界的未来。它将冲击传统金融体系，引发金融市场变革，促进金融科技融合，加速产业融资结合，改变金融混业格局。

对大数据区块链金融的思考

我国拥有巨大的经济规模和人口基数，因此在大规模数据方面存在天然的优势，大数据的应用绝不会局限在某一个行业中，各个行业都受到了大数据的巨大影响，尤其是大数据中包含的经济价值十分丰富。区块链技术大大增强了对大数据经济价值的挖掘能力，从而催生出了大数据金融，不仅能够创造丰富的投资机遇和创业机会，也能够实现普惠金融、精准扶贫等社会福利进步目标。

区块链技术在整个金融业的创新应用，仍然停留在比较浅显的层面。随着区块链实践与应用的不断深入，区块链金融的发展必将持续延伸。

在不久的将来，当区块链技术在金融业的应用日益普及时，金融调控的组织架构将面临一轮深刻的调整。从宏观经济视角看，在金融大发展时代，当区块链构建出全新的金融基础设施及附属基础设施时，货币创造机制或许会被改变。货币的内涵是否还是价值尺度、交易媒介和价值储藏，商业经济需求是创造货币还是创造商业信用，央行的职能将如何重新界定，都将演变为这一时代的全新命题。从微观经济视角看，在科技金融和互联网金融的强大冲击下，区块链技术应用有望将金融和商业有机融合，势必超越当前分业与混业金融的界限。

区块链技术所带来的变革潜力无限，目前看来，当下最可行的就是与大数据技术的结合。作为一项新兴的技术，大数据与科技创新具有十分密切的联系。根据谷歌统计，2010 年世界范围内数字信息量达到了 1ZB（即十万亿亿字节）。预计到 2020 年，每年都将产生 35ZB 的大数据。这无疑是一个庞大的数据基数，如何利用好这些数据，是贵阳在思考与探索的课题。

在区块链的创新和应用探索中，金融是最主要的领域，现阶段区块链应用的主要探索和实践，也都是围绕金融领域展开的。在金融领域中，区块链技术在支付清算、数字票据、银行征信管理、权益证明和交易所证券交易、保险管理等方面存在广阔的应用前景。

第五节　《大数据金融》理论哲学思考和技术应用研究

2014年5月28日，《大数据金融》杂志社在多位省市领导、业内专家的见证下挂牌。《大数据金融》杂志（见图3.5，原名《云金融》）见证着贵阳在金融领域一路走来的科研创新与成就，成为贵阳大数据区块链金融发展历程中一个重要组成部分。杂志会聚了国内新金融的顶尖专家，90%以上的内容来自作者原创，成为贵阳大数据区块链金融产业发展的窗口和对外交流、沟通的一座桥梁，可以说是贵阳新金融产业发展的理论导向和哲学基础；杂志不仅关注大数据区块链金融的重大、前沿课题，解读大数据区块链金融政策，介绍大数据区块链金融知名企业、人物、文化，更展现了贵阳市大数据区块链金融发展的成就及愿景，呈现了贵阳大数据区块链金融发展的研究过程及应用成果。

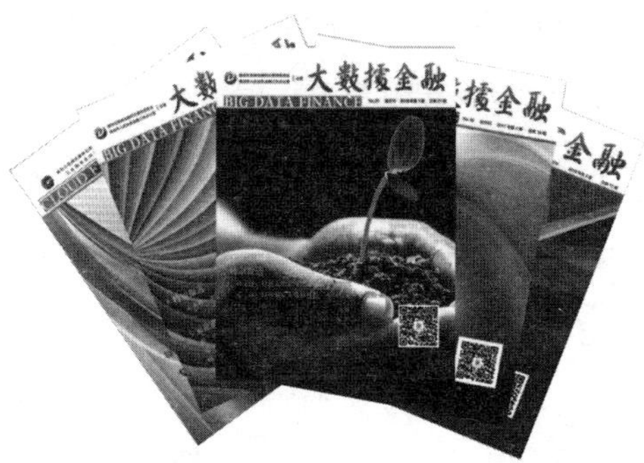

图3.5　《大数据金融》杂志

理论和哲学版块

《大数据金融》杂志在理论和哲学版块有诸多重要论述。杂志收录了国家发展改革委党组成员、副主任连维良题为《共建共享信用大数据，共建共享信用中国》的文章，文章指出，推动大数据和社会信用体系的融合发展，对推动国家的治理体系和治理能力的现代化具有重要的现实意义和深远的历史意义。

在 2016 年第 4 期杂志中，贵州省省委原书记、重庆市委书记陈敏尔提出："通过这些实践给我们一个启示，李克强总理讲'大数据是钻石矿'，钻石矿里面最有含金量的一座钻石就是大数据金融。将金融与科技结合，金融就如虎添翼了。贵州成为大数据金融中心，便有了更多的想象空间和实现可能。贵阳在大数据金融方面有实操的团队，更有较高的理论基础，发展大数据金融很合适，一定有非常好的未来。"

在 2017 年第 2 期杂志中，贵州省委原常委、贵阳市委原书记，河北省委常委、雄安新区党工委书记陈刚在《共同开启 2017 区块链落地应用元年》的文章中说道："构建网络空间命运共同体，必须以尊重网络主权背后的国家主权为前提。区块链发展和应用必须在国家主权架构下，实现不同参与者的互相认同，进而形成经济与社会公有价值的交付、流通、分享及增值。而国家密码标准、自主测试平台、跨链技术是主权区块链发展的三大支撑。"

在 2017 年第 2 期杂志中，刊登有贵阳市人民政府副市长王玉祥在 2017 年北美区块链金融科技峰会的发言。王玉祥副市长的发言题目为《融合与创新：贵阳聚力发展区块链》，他说道："当前，区块链发展已经成为互联网和大数据发展的一个潮流。如果说贵阳发展大数据，从无到有不断积累叫作'强行起飞'的话，那么区块链就是助推我们大数据发展的天赐良机。贵阳正是在这种新兴洪流下，敢于积极寻求探索与发展，像发展大数据金融一样发展区块链金融。”

杂志还收录有中国人民银行原副行长、中国互联网金融协会理事长李东荣，贵州省原副省长、贵州省人大常委会副主任何力等领导的理论观点。

政策和法律保障

在政策和法律版块也有众多名家提出重要观点，如中央财经大学金融法研究所所长、中国互联网金融创新研究院院长、中央财经大学教授黄震曾经在2018年第1期杂志上发表名为《贯彻十九大报告精神，加强金融法治建设》一文，文中写到关于发展大数据区块链金融的政策和法律方面的保障。

黄震在文中说道：“完善金融创新规制体系建设。当前，新科技革命带来的互联网金融、金融科技给传统金融体系带来很大的冲击，出现了金融平台跨业发展趋势，金融创新更是层出不穷。平衡创新与风险，打破‘一放就乱’‘一管就死’的循环，必须加强制度创新和规制体系建设。既要防止‘一放就乱’，及时规范创新带来的空白领域和交叉地带，又要防止‘一管就死’，在互联网金融等风险整治结束后的长效机制建设中，让创新的活力与金融的稳定能够有效地结合与平衡。”

中国人民大学法学院副院长、中国人民大学金融科技与互联网安全研究中心主任杨东教授在2017年第5期杂志中发表的文章《区块链技术实现人类社会价值传递》中说道：“区块链技术真的能实现人类社会可能从来没有实现的一种价值的传递，通过点对点的机制，建立一个真正的信用体系和信用机制。区块链在某种程度上解决了我们的信用问题，所以对目前的信用体系来说还是具有重大意义的。

所以它是创造信任的机器，因为信任依赖于算法，它能够传递，同时又避免重复的支付，能够真正实现一个点对点的价值传递。”

中央民族大学法学院教授邓建鹏在 2017 年第 3 期杂志中发表的《后监管时期网贷行业的合规转型之路》一文中提道：“在后监管时期，网贷行业告别在过去近十年‘无法无天’的时代，必将走向精英化道路。”

技术和应用

区块链技术可以在信用体系建设中起到关键作用。区块链金融协会会长、贵阳众筹金融交易所董事长刘文献在 2017 年第 3 期杂志中的《交易所区块链金融应用场景方面的实践和探索》一文中提道：“我们希望通过这样的过程，从资产端到上市端，到交易端，到增值服务，到监管，可以实现全流程覆盖的区块链数字资产的数字交易所，这是我们非常盼望的。希望通过我们的推动，重点在一些场景上能够解决当前行业的热点、痛点、难点和焦点的问题。”

深圳微众银行原行长、贵阳瀚德金控董事长曹彤在 2017 年第 3 期杂志中的《区块链金融的发展路径》一文中提道：“通过大数据的应用，通过对社会真正底层的企业、个人行为的了解，是能够找到或者接近这个合理杠杆率的，这就提供了一种新的监管理念、一种新的监管潜在路径。可以预言，区块链技术在未来会发挥独特的作用，因为它可以真实地把若干个子集连起来。”

在 2017 年第 1 期杂志中，贵阳互联网保险金融投资股份有限公司董事长艾文华在署名文章《大数据风控与征信在保险金融创新的现实价值》中有下列论述：“保单贷款市场尚未有效开发，主要原因是受限于保单数据尚未成为系统化的征信依据。大数据风险防范的保险应用，将激发保单贷款业务的整体市场的快速发展，大数据风控体系提供了较科学的风险定价。”

目前，贵阳将重点推进政府数据开放、公共数据安全、区块链应用三方面的工作，继续作为国家大数据综合试验区先行先试，共同推动国家的大数据，特别是大数据区块链金融领域的融合发展。《大数据金融》杂志将继续在大数据区块链金融对外交流、沟通中以及新金融的发展中发挥积极的作用。

第四章　聚合资源
组建区块链金融联盟组织

“时势造英雄，风云聚人才。”贵阳正站在一个新的起点上，努力打造全球块数据城市、全球主权区块链高地、全球大数据区块链金融中心。宏伟的事业需要会聚天下英才，为此，贵阳市委、市政府通过各项具体举措，引入国内外顶尖的区块链底层技术团队以及高级数据人才落户贵阳，合作创建区块链技术孵化应用的环境，实现区块链技术快速在行业应用的突破和落地。

第一节 协会和组织的纽带作用

新技术、新金融和新算法不断迭代，交叉渗透，跨界融合，相辅相成，又共生共融，在此基础上形成新一代的产业链和生态圈。在瞬息万变的科技金融生态系统之下，区块链联盟凭借在区块链领域的组织优势，积极发挥其纽带功能，为贵阳努力打造全球大数据和区块链金融中心的征程添上了浓墨重彩的一笔。

为了能够更好地服务于区块链在贵阳的顺利发展，并打造一个现代金融人才的聚集地，经贵阳市委、市政府批准，贵阳相继成立了区块链金融协会与区块链联合发展组织这两个起到纽带作用的非营利性社会团体。

区块链金融协会

区块链金融协会（英文名称为 Blockchain Finance Association，缩写为"BFAT"）定位于后信息化时代的新锐数字力量，协会前身为众筹金融协会（2015 年 6 月 30 日，经贵阳市金融办批复，众筹金融协会正式通过民政部门注册成立）。2017 年 3 月 10 日，经贵阳市人民政府、贵阳市金融办以及贵阳市民政局等单位批准，众筹金融协会正式更名为区块链金融协会。

区块链金融协会是由贵阳市从事区块链、区块链技术开发、区块链信息中介、交易平台等互联网金融、区块链金融行业的企业自愿组成的行业性、地方性、非营利性的自律社会组织，是在贵阳市民政局登记注册的非营利性社会团体法人。

区块链金融协会“以促进会员单位，实现共同利益”为宗旨，遵守国家宪法、法律、法规和经济金融方针政策，遵守社会道德规范，对区块链金融行业进行自律管理，维护区块链金融市场的竞争秩序和会员的合法权益，防范区块链金融风险，促进区块链金融行业健康发展。

区块链金融协会接受业务主管单位贵阳市金融办和社团登记管理机关贵阳市民政局的指导、监督和管理。

区块链金融协会的主要职责是履行自律、维权、协调、服务的职能，主要包括：组织、督促会员贯彻执行国家区块链金融相关法律、法规和规章；制定并组织会员签订、履行行业自律公约，提倡公平竞争，规范行业行为；接受政府主管部门委托，监督、检查会员与区块链金融相关的经营行为，积极配合组织和搭建贵阳市区块链专项工作小组工作，就区块链金融市场存在的问题进行沟通协商，建立争议、投诉处理机制和对违反协会章程、自律公约的处理、反馈机制；依法维护会员的合法权益，代表会员与相关政府部门进行协调，代表会员向主管单位、立法机关等反映会员在业务活动中的问题、建议和要求，提出行业标准和业务规范等的制定、修改建议；组织开展行业发展研究，积极顺应贵州省贵阳市的大数据产业的发展形势，并在区块链产业的战略框架中开展工作，发挥协会的作用，将主要研究领域和服务方向深入到区块链技术应用和区块链金融的相关工作中；组织开展市场调研，及时发现、整理、研究市场风险，适时进行风险提示和上报；收集整理区块链金融信息，提供信息及咨询服务；组织开展行业培训和人才交流，建立区块链金融从业人员资格评审机制，提高从业人员素质；支持、推动区块链金融创新，为会员业务拓展及主管部门推动市场发展建言献策；发挥行业整体宣传推广作用，普及区块链金融业务知识，提高公众对区块链金融行业的认识；组织开展业务竞技活动，增进会员间的交流，培育健康积极的行业文化；代表会员参与区块链金融相关交往，加强区块链金融相关交流与合作；组织开展协会党建工作；完成业务主管部门授权或者委托的其他事项。

区块链金融协会成立一年多以来，为贵阳市大数据、众筹、区块链领域提供了丰富的理论研究成果，先后牵头举办了多项大型活动。

在 2016 年 11 月 1 日至 4 日举办的“2016 贵阳大数据金融信用体系建设和风险控制系列活动”中，区块链金融协会在贵阳市政府的领导下，按照市金融办的指导，积极为系列活动的五个分论坛活动组织专家、学者和全国的企业家及会员单位参会，共动员了 300 多位嘉宾，同时为系列活动的理论研究提供了多方面服务。

2017 年 1 月 7 日至 12 日，区块链金融协会积极配合贵阳市金融办，组织十几家会员单位加入了贵阳市区块链访美代表团（相关活动见图 4.1），并为本次访美代表团建言献策，组织会员单位进行访美报道和区块链文章的撰写、文集印刷，与市金融办、市外办、市中旅、美方的北美区块链协会、阳光七星传媒集团、美方代表处及相关机构反复沟通访美行程，包括考察美国区块链企业及与美方多位市长进行会见交流。区块链金融协会为访美代表团取得巨大的成功和影响做出了贡献。

图 4.1 赴美参加北美区块链金融峰会的贵阳市区块链产业代表团

在 2017 年 5 月 28 日举办的“2017 国际数博会”上，区块链金融协会牵头主办了主要分论坛之一的区块链金融国际高峰论坛（相关活动见图 4.2）。论坛上，来自美国、日本、澳大利亚以及国内区块链金融领域的领军人物、专家、学者等 500 余人就区块链金融的相关理论、政策、标准展开讨论。

2017 年 7 月 25 日，区块链金融协会联合贵阳区块链创新研究院、中关村区块链产业联盟及贵州区块链产业技术创新联盟等单位召开了“区块链生态体系建设研讨会”。

区块链金融协会的使命是在区块链、物联网、人工智能、量子理论等技术变革中，通过精确寻找突破口，引发并推动新的数字化

图 4.2　2017 贵阳国际数博会区块链金融国际高峰论坛

进程。因此，区块链金融协会将会快速构建区块链运行设施，帮助先行组织尝试业务的平滑过渡。通过组织国内外最优秀的专家团队，对各行业开展普及培训工作，并将基于现有的各参与单位的区块链实践，进行互联互通、可信测试与安全检测，从而推动事实上的标准快速建立。

区块链联合发展组织

为推进区块链在金融城的落地并在全国发挥引领示范作用，经贵阳市人民政府研究同意，委托微金融 50 人论坛牵头组织，贵阳市金融办于 2016 年 11 月 2 日与微金融 50 人论坛秘书处所在的运营实体北京中金众融科技有限公司签订了区块链联合发展组织（以下简称“组织”）落户贵阳的战略合作协议。

2017 年 3 月 18 日，组织第一次会员代表大会在贵阳观山湖区互联网金融特区大厦隆重举行（相关活动见图 4.3），来自全国各地的区块链领域的行业组织、研究机构和企业家会聚贵阳，共谋区块链发展之道。会员代表大会的成功举行，意味着组织经过近半年的紧密筹备，正式落户贵阳。

图 4.3　区块链联合发展组织第一次会员大会

组织的使命与协会是一致的。因此，区块链联合发展组织将团结既有的各种研究团队、联盟，充分共享新思路、新做法、新进展，实现区块链与产业的融合并最终培育新产业。

组织致力于推动区块链的应用与实践，其自身的组织建设也是区块链思维的积极探索与实践。在组织的筹建过程中，达成了三条共识。

共识一：组织架构“多中心、分布式”，不设理事长单位，设立多家轮值理事长（常务理事），并实行动态更新机制。“多中心、分布式”的组织架构可以保持组织的开放性和决策的有效性。

共识二：组织会费实行“二八原则”，即20%的组织会费用于组织的基础运营（含秘书处人员工资绩效、差旅、办公场地、各委员会开销等），80%的组织会费用于常务理事会、理事会、会员大会决定事项的执行。“二八原则”既能规避行业组织在执行过程中的道德风险，同时还可以保障区块链联合发展组织的执行效率。

共识三：组织资源“取之于哪，用之于哪”，即组织资源（含组织会费、政府资助、专家资源等）根据“取之于哪，用之于哪”的大原则，按地区、行业进行资源调配。组织资源“取之于哪，用之于哪”类似区块链的技术机制，当算力支撑足够时，资源就做相应的投放，以解决组织协调沟通中存在的争议问题。

区块链联合发展组织是国内首家采用区块链思想筹建的行业性组织，并联合“政、产、学、研”各界资源，汇集各方技术和研究力量，加大国内外“产、学、研、用”互动，推动区块链技术体系与标准的建立，推动区块链技术在行业中的应用和创新发展；在国内区块链发展和应用及金融战略布局中，充分发挥有效的桥梁和纽带作用，为推动区块链的快速普及做出积极的贡献。

第二节　培训和论坛的推动作用

贵阳有发展区块链得天独厚的优势，但只有加强对人才的培养和吸引力度，才能更好地促进大数据区块链在贵阳的发展。为此，在贵阳市政府和相关各部门的配合组织下，贵阳开展了一系列有关大数据金融的培训工作。

除此之外，贵阳还通过开展一系列高峰论坛的方式，加大了国内各界人士及全球对贵阳大数据区块链金融创新创业的认知。可以看到，贵阳正在从互联网金融到大数据金融再到区块链金融的持续创新发展中重构金融业态，打造全球大数据区块链生态金融中心。

大数据区块链金融培训

为进一步落实贵阳市大数据与金融行业对党的十九大精神的宣传贯彻与深入学习，提高行业对大数据金融以及金融科技等方面系统知识的掌握水平，提升贵阳市金融服务实体经济的能力，培养适合贵阳市金融发展需要的综合型管理人才，由贵阳市政府、贵阳市委组织部、贵阳市金融办等单位牵头，在贵州财经大学大数据金融学院、区块链金融协会、众筹金融学院等部门的配合下，贵阳组织了当地大数据、区块链及传统金融行业领域中的 100 人，进行了大数据与金融人才专题培训（相关活动见图 4.4）。培训内容包括大数据金融知识、大数据应用及处理能力、金融业务实操等。

图 4.4　大数据人才培训专题讲座

针对习近平总书记在全国金融工作会议上的讲话和党的十九大精神要求，促使大家对培训工作的形势、任务的认识更加正确，对培训队伍的有关情况更加清楚，对抓好培训工作落实的重要意义和怎样抓好落实的内容、措施和办法更加明确，把大家的思想认识很好地统一到市委组织部、市金融办提升素质形象和促进发展的决策精神上来，进一步找准了培训的任务重点和工作着力点，增强了做好培训工作的责任感和紧迫感，强化了抓好各项工作任务落实的力度措施。

培训选取了目前最为前沿、与金融行业息息相关的大数据金融为课题，紧扣行业脉搏与社会热点，并从不同角度向学员展示了大数据金融的概念。比如，深圳微众银行原行长、现贵阳瀚德金控董事长曹彤从一个专家学者的角度，向学员传授了大数据金融的专业知识；阿里巴巴蚂蚁金服研究院执行院长李振华从一个 IT 人、一个对大数据金融有实际深度参与的互联网企业人士的角度对互联网企业如何发展大数据金融进行了实例讲解。学员之间各抒己见，对大数据金融这个新兴行业进行沟通交流。通过多角度的学习，学员们了解了大数据金融的基本概念、起源、体系以及我国大数据金融目前的发展情况和对传统金融业的影响等。

互补优势、强化管理。培训还邀请到了中国社会科学院金融研究所所长助理杨涛、中央财经大学应用金融系主任韩复龄、百融金服 CEO 张韶峰、国家互联网金融安全委员会秘书长吴震、汉富控股有限公司总裁郭露、贵阳众筹金融交易所董事长刘文献等在理论、实践方面具有丰富经验的行业领军人物为参训学员开展了大数据金融基础知识、数据研究与实操等方面的系统培训。

在2017年12月4日的专题培训中，贵阳市副市长王玉祥提出“加快构建大数据现代金融体系，坚守不发生区域性金融风险底线”的重要观点，并强调：

坚持以防范金融风险作为构建大数据现代金融体系的前提。要持续推进大数据金融风险防范工作，加快构建大数据现代金融体系，有效做好风险管理，稳定金融秩序。

坚持以服务实体经济作为构建大数据现代金融体系的根本。2014年以来，围绕大数据、区块链的民用、商用和政用，贵阳市出台了一系列的政策和措施，包括一些地方法规，有力地推动了大数据、大数据金融与科技、扶贫、农业、汽车、白酒、医疗、文化、旅游、银行等产业、行业应用的深度融合，更好地服务了实体经济的快速发展。可以说，贵阳这些年的经济社会发展，特别是在实体经济方面取得的巨大成绩，离不开大数据现代金融的贡献。

坚持以普惠金融作为构建大数据现代金融体系的发展方向。促进大数据现代金融的可持续发展，要以推动供给侧结构性改革，推进“大众创业、万众创新”，助推经济发展方式转型升级，增进社会公平和社会和谐的普惠金融为目标。发挥贵阳市“大扶贫、大数据、大生态”战略优势，依托移动便捷支付平台等手段，让普惠金融的价值得到充分显现，使大数据现代金融真正实现“服务于民、反哺实体、融入扶贫”。

坚持以金融科技创新作为构建大数据现代金融体系的动力。当前，在全球范围内，金融科技创新正处在非常重要的时期。金融科技创新正在持续地改变经济增长和金融发展的模式，比如大数据正在促成普惠金融，帮助很多中心企业实现融资；人工智能所催生的智能金融，可以在某些领域比人工更有效率和更好地防范风险；区块链技术的迅猛发展使金融体系变得更加立体多维，效率得到大幅提升，可以极大地提高金融机构的竞争力，可以为供应链金融提供精准的账本，为消费金融提供更好的信用。要充分发挥国家大数据（贵州）综合试验区核心区的先行先试优势，围绕打造公平共享创新型中心城市的战略目标，按照坚持主权原则，探索规则创新，培育应用场景，推动产业发展，提升社会治理，促进社会进步。

坚持以大数据的应用作为构建大数据现代金融体系的抓手。贵阳要从高处着眼，进一步做好大数据现代金融体系的顶层设计，完善支持大数据金融发展的一系列政策、制度和办法，以“聚通用”为导向，拓展大数据金融发展的广度和深度，激发大数据金融核心业态、关联业态、衍生业态，保障大数据金融持续健康发展。更要从低处着手，狠抓大数据金融在第一、第二、第三产业的各类应用场景和融合发展。贵阳是“中国数谷”，有较为完整的大数据产业体系，贵阳的大数据现代金融要始终扎根大数据产业、依托大数据产业、服务大数据产业，为大数据产业的发展提供金融保障和支撑。

坚持以人力资源储备作为构建大数据现代金融体系的基石。贵阳是中国高端人才净流入的发展中城市。这几年贵阳源源不断地引进、培养优秀金融人才，为贵阳大数据现代金融的发展奠定了重要基础，为大数据现代金融体系的构建储备了必要的人才基础。下一步，贵阳将深入研究和探讨更加行之有效的大数据金融人才引进、培养政策和路径。

培训对贵阳金融体系建设、提高区块链金融风险防范起到了巨大作用。

区块链金融论坛

2017 年，贵阳数博会正式升级为国家级别的国际会议。作为大数据产业中唯一获中央政府批准的国家级博览会，本次数博会首次引入“区块链”作为一大主题，围绕“区块链”“机器智能”“人工智能”“智能制造”“数字经济”进行了五场高峰对话。

“区块链高峰对话”会聚了数字经济之父、《区块链革命》作者唐·塔普斯科特（Don Tapscott），哈佛大学终身教授、国际知名数学家丘成桐，以太坊创始人维塔利克·布特林（Vitalik Buterin），超级账本副总裁朱利安·戈登（Julian Gordon），ConsenSYs 创始人约瑟夫·鲁宾（Joseph Lubin），工业和信息化部信软司司长谢少锋，高德纳咨询公司（Gartner）高级总裁及院士雷·瓦尔德斯（Ray Valdes），德勤全球金融服务合伙人秦谊，腾讯 FiT 副总经理郭锐，万达网络科技集团高级总裁助理兼首席架构师蔡栋，万云平台总经理、万向区块链实验室规划总监陶曲明，众安保险科技副总经理吴小川等全球顶尖区块链专家和领军人物。

峰会对话以“区块链开启价值互联时代”这一全球趋势为主题，从概念到落地，从起源到未来，从监管到普通公众，就技术研发、商业应用、产业战略等方面进行探讨，旨在通过全球顶级的区块链技术、金融和经济专家对这些问题进行拆解，为人们带来全新的思考和行动视角，为区块链的发展和政策制定提供参考，促进区块链技术服务于各行业，推动社会经济的进步发展。

2017 年 5 月 27 日，“2017 数博会区块链金融国际高峰论坛”在贵阳新世纪酒店召开（相关活动见图 4. 5），国内外众多区块链和金融领域嘉宾会聚贵阳，共话贵阳从互联网金融到大数据金融再到区块链金融的持续创新发展。

图 4.5 2017 年 5 月贵阳国际数博会区块链金融国际高峰论坛

贵阳最值得关注的是创新，2017 年 12 月 31 日，贵阳向全球发布了区块链行业白皮书，并将贵阳发展的战略重点分为政府数据开放共享、数据安全、区块链发展，其中区块链发展尤为重要。贵阳正在打造区块链大数据金融高地。

贵阳市众筹交易所董事长刘文献在肯定区块链的同时，也对区块链的应用提出了更深层次的思考，刘文献在发言中指出，区块链重新规划了新金融世界。贵阳也在积极拥抱这个新世界，在应用方面，与井通联合打造的太阳能公链助推光伏产业健康发展，切实将区块链应用落地到能源行业。在不久的将来，还将打造太阳能公链数字生态。

论坛的重要环节新书发布会由美国硅谷库比蒂诺市（Cupertino）

前市长张昭富（Barry Chang）主持，《区块链与大数据》闪耀亮相，与此同时，贵阳井通公司被授予区块链金融协会副会长单位、移动金融区块链可信身份实验室称号。

论坛的圆桌对话围绕区块链金融如何助推实体经济发展、区块链金融如何促进多层次资本市场发展等问题展开（相关活动见图4.6）。井通科技CEO（首席执行官）武源文表示，通过点对点的技术，个人资产数字化后，区块链技术将打造真正共享经济的世界；产业互联是未来的一片蓝海，通过区块链技术的协同性，构建信任性，真正打通实体产业开放的商业环境；区块链与大数据的结合伴随着数据的流通、开放、共享，同时也要考虑数据安全性，特别是个人数据隐私的授权精准查询。

图4.6　圆桌对话

2016年12月9日，区块链金融高峰论坛在贵阳举行。贵阳作为全国区块链金融试点城市，率先迈出了一步，致力于成为全国区块链金融产业领军城市。

贵阳市副市长王玉祥表示："经济若要创新发展，科技理念必须先行，贵阳始终贯彻扎根本土、力图创新、快速吸收区块链技术的精髓理念，加大区块链专业人才培育力度，构建区块链的全套标准体系，真抓实干，加快发展，为区块链相关企业创造一切有利条件。区块链金融技术的引入，有利于贵阳地区金融产业的发展，有利于山区扶贫政策的贯彻执行，是幸福新贵阳的建设与发展理念。贵阳市政府将对区块链创业企业提供各类服务政策并大力支持其发展。"

大数据时代的贵州，时刻都在发生着深刻的"嬗变"。从2015年一路走来，数博会的格调、规模越来越大，"朋友圈"也越来越大。每一届数博会的成功举办，都深刻影响着贵州大数据未来的发展，而贵州也因此获利颇丰，从工业"智造"渐成气候、农村电商遍地开花，到大数据区块链金融发展等，基于大数据而举办的数博会给贵州人带来了无穷的回味与思考。

第三节　产学研聚集的蓄力作用①

贵阳在发展大数据、区块链的过程中，始终把"大数据+金融""区块链+金融"的融合发展作为重中之重。围绕区块链发展和应用需求，依托国家重大人才工程、创新型青年人才培养计划等，加快培养区块链人才，为"大数据+金融""区块链+金融"蓄力，这其

① 本节内容来自《人民日报》2016年12月29日14版《种下"智慧树"，开出"钻石矿"》。

中包括与驻地高校合作，设立区块链技术与应用学院，设置区块链技术专业课程，培养区块链专业人才。鼓励有条件的区块链企业、科研机构和高校联合建立区块链实验室和人才实训基地，培养区块链职业人才。支持建立区块链孵化器，通过孵化区块链项目和公司，培养区块链创业创新人才和创业团队。

蓄力“大数据+金融”

挖掘“数据”价值，贵阳围绕“大数据+金融”着力构建大数据金融体系。

2014 年初，贵阳成为全国首批五个移动金融试点城市之一，推动移动金融的应用和发展。2014 年 11 月，贵阳率先发出全国第一张符合央行标准及 MTPS（移动金融安全可信服务）规范的移动金融 SIM 卡（用户身份识别卡），并配套启动了公用事业缴费、超级转账、手机理财等一批应用；2015 年 4 月，“贵州通”TSM（可信服务系统）平台正式上线运营，实现了行业应用发布以及为地方金融机构发行金融产品的功能。

2015 年 4 月 14 日，贵阳大数据交易所正式挂牌运营。作为国内第一家大数据交易所，秉承“贡献中国数据智慧、释放全球数据价值”发展理念，旨在推动政府数据公开、行业数据价值发现。交易所通过自主开发的电子交易系统，面向全球提供围绕大数据交易的数据确权、数据定价、数据指数、数据交易结算交付、安全保障、数据资产管理和融资等综合配套服务。

贵阳大数据交易所总部位于贵阳，现已在北京、上海、深圳和成都建成四大运营中心。围绕数据交易，贵阳还先后组建了大数据资产评估中心、大数据征信中心、数据投行、大数据与金融投资市场等相关平台。

2015 年 5 月 27 日，全国首家众筹金融交易所——贵阳众筹金融交易所（以下简称“众筹所”）正式运行（相关活动见图 4.7），致力于打造创新创业的金融支撑平台。众筹所积极构建专业、完备的众筹金融生态体系，推进债券众筹、收益权众筹、公益众筹、互联网非公开股权融资及实物众筹等“五板”交易板块建设，开展与新三板联动交易，助力“双创”，一批创新、创业型优质中小企业在交易所挂牌。

图 4.7　贵阳大数据交易所首批数据交易仪式

贵阳市以金融技术的推广为核心，支撑大数据金融的各类应用场景建设，努力推动区块链、VR/AR、人工智能等金融底层技术在大数据金融方面的应用。

目前，近百家像百融金服、瀚德金创、井通、勤智科技、贵人大数据电商、普银区块链等金融科技企业纷纷落户贵阳，提供就业岗位1200余个，聚集硕士、博士等各类高端人才近百人。

基于金融科技的一些重要应用场景也在贵阳纷纷出现，目前仅在区块链技术应用方面，贵阳已经与国内外多家区块链产业、技术和组织进行合作，开发了区块链票据交易平台、区块链消费积分交易平台、区块链与数据资产投资、区块链与数字资产交易、区块链与互联网金融监管等多个应用场景。

2015年，中国人民大学法学院副院长杨东教授在WF50（微金融50人论坛）成员助力世界众筹大会——众筹学院分论坛（区块链技术背景下众筹金融发展与众筹人才培养国际论坛）上（相相活动见图4.8），发表了自己对众筹金融和供应链金融的看法：“众筹金融面临巨大发展空间和重大机遇。”

图4.8　2015年世界众筹大会

众筹金融学院成立的目的，是为贵阳众筹金融的发展和全国互联网金融发展储备人才。但培养人才的同时，也要注重培养跨学科的高端复合型人才以满足互联网金融的发展；另外，要格外注重人才的职业道德培养，要培养德才兼备的优秀人才。如果只注重人才的专业性培养而忽视对其道德素质的培养，将导致互联网金融这一充满风险的领域更加危险。

蓄力“区块链+金融”

2016 年 1 月 8 日，经中国产学研合作促进会批准，贵阳成立跨部委、跨行业、跨区域的大数据金融服务机构——中国大数据金融产业创新战略联盟（图 4.9）。中国投资协会、中国标准化研究院、中央财经大学、哈工大集团、金电联行、宜信、易宝支付等一批与大数据金融创新相关联的政、商、学界人士共同参与，为贵阳市汇聚大数据金融发展的智慧力量。

2016 年 4 月 20 日，贵阳大数据金融学院由贵州财经大学和贵阳市人民政府联合发起并领导的全球第一家以大数据金融人才培养和科学研究为核心任务的书院型学院，是全国第一个“政、产、学、研”结合的大数据金融科研机构。

贵阳财经大学作为贵州省唯一的一所财经金融类的省属重点大学，在金融领域处于领先地位。贵阳大数据金融学院将围绕大数据进行前沿研究与教学，从中可以看出贵阳发展大数据金融的决心和贵阳对储备大数据金融人才的前瞻性考虑。目前，贵阳大数据金融学院已建立了覆盖全球的，来自政府、院校和企业的强大的专家学者师资队伍，与伦敦大学、利物浦大学就合作办学达成初步共识，双方将实现资源共享，并采用“2+2”教学模式，即前两年在贵阳，

图 4.9 中国大数据金融产业创新战略联盟成立大会

后两年在国外。开展大数据金融教学的基础条件已具备。大数据金融学院将秉承书院制开放办学理念，以及正规学历教育与应用人才培训相结合的思想，以实现灵活培养不同层次、不同类型人才梯度的宗旨。相信在不久的将来，这种注重实效的新颖教学方式将源源不断地为贵阳发展大数据金融输送人才。按学院计划，2016 年下半年开始本科、硕士招生。本科教育方面，开设大数据金融实验班，即在 2016 级新生中选拔 60 人作为第一届大数据金融本科生来培养；研究生教育方面，在金融专硕和计算机专硕中各挑选 30 人作为大数据金融硕士研究生来培养。

2017 年 5 月 23 日，贵阳区块链金融孵化器在贵阳互联网金融大厦四楼会议室举行了授牌仪式。贵阳作为国家大数据产业集聚区，为区块链金融的迅猛发展提供了得天独厚的条件。区块链是贵阳发展大数据的三大方向之一。区块链金融孵化器的成立是贵阳大数据金融工作开展的重要举措和成果之一，贵阳区块链金融孵化器拟入驻国内外区块链企业 16 家，涉及底层技术、行业应用等各个方向，将推动区块链诸多应用场景的开发、商业模式的建设。

另外，贵阳市政府与茅台集团、农商银行等企业合作设立八个区块链金融实验室（图 4.10），分别为茅台集团天朝上品实验室、农商银行发展联盟实验室、数字资产实验室、消费积分实验室、移动金融实验室、智慧能源实验室、中小企业信用实验室和资产数字化实验室。

图 4.10 八大实验室

除此之外，为了更好地服务区块链金融发展，贵阳市金融工作办公室和贵阳互联网金融特区管委会协同多家协会和重点企业出资联办了专业金融杂志——《大数据金融》。

《大数据金融》实时关注互联网金融、移动金融、众筹金融、大数据金融、保险金融等新兴金融领域中的重大、前沿课题，介绍业界知名企业、知名人物、主流思潮，展现贵阳市新金融业态取得的成就及发展愿景和贵阳国际金融中心的聚集优势。

杂志 90%以上的稿件来自原创，可读性强、专业性强。由贵阳市政府联合众多全国知名金融专家担任顾问，学术力量强大。主要面向政府相关单位、金融机构（银行、证券、保险、基金公司等）、大型国有企业、名企管理层等发行。创刊以来，《大数据金融》秉承精益求精的办刊理念，得到了众多业内权威专家的肯定和赞誉。

贵阳开展大数据金融人才体系建设具有深远意义，这不仅开启了贵阳大数据金融发展的新征程，更是贵阳心怀培养大数据金融人才担当的体现。贵阳在大数据金融的探索与创新、责任与使命、成就与贡献方面，为贵阳赢得了“数谷”的美誉，从产业基础抓人才培养，立足长远，务实进取，“政、产、学、研”聚集蓄力，将在未来为助力打造贵阳大数据区块链金融新高地贡献力量。

第五章　资本先行

设立区块链金融产业基金

进入 2018 年，“区块链”无疑成了大热话题之一，越来越多的机构开始重视并参与区块链技术研发。回顾人类历史，工业革命的出现标志着人类向电气时代的迈进，电子产品、互联网的普及印证了数字时代的到来。而今，有人将“区块链”视为新兴技术革命的开始，并畅想着它将改变未来人类生活的状态。无论“区块链”一词的真正含义是否真正被大众熟知，都不影响这种虚拟技术立于风口浪尖甚至充斥于人们身边。根据区块链技术的特有属性，金融行业、互联网行业势必也会应用这项技术。资本的强力介入让区块链技术未熟先火，市场对区块链技术反应热烈，互联网的新时代即将到来。

尽管 2017 年相关部门对区块链出台了政策以进行监管，也无法阻止我国的区块链项目自 2013 年起增速持续走高的态势，甚至在 2018 年 1 月，区块链行业完成了 6.8 亿元融资的惊人战绩。不可否认，区块链产业距离真正落地为时尚早，但它成为资本市场最热的投资领域已是不争的事实。

第一节　区块链前景吸引资本

根据《2018 年中国区块链行业应用报告》统计，从 2015 年开始，区块链企业融资数量快速增长，2017 年全年融资超过 2016 年一倍，2018 年第一季度融资接近 2017 年全年一半，区块链企业投融资进入高速发展阶段，其中融资额最大的区块链企业均来自供应链金融领域，从 2016 年开始，区块链融资增速超过 P2P（Person-to-Person，即个人对个人、伙伴对伙伴）金融及移动支付等金融科技。2015 年后我国区块链相关专利增速超过 200%，成为我国专利数量增长最快的领域。从增速上看，我国区块链专利领先全球，从数量上看中国也领先美国，排名全球第一。前 100 名中，中国入榜的企业占 49%，其次为美国占 33%。由此可见，中国在区块链产业上拥有无可限量的潜力。

区块链技术投资潜力

众所周知，区块链是以比特币为代表的数字加密货币体系的核心支撑技术，在早期并没有人关注它的底层技术。然而当它在没有任何中心化机构运营和管理的情况下，在多年里运行稳定，没有出现过问题。越来越多的人注意到，该底层技术也许有很大的发展空间，因此区块链也在近年来随着比特币成为热门话题与发展态势，并登上了属于自己的辉煌舞台，区块链技术的研究和应用也呈现了爆炸式的增长，并被大众称为继大型机、个人电脑、互联网、移动网络之后的第五次计算范式的颠覆性创新，被认为有望像互联网的出现一样重塑人类社会生活形态，实现从信息互联网至价值互联网的关键转变。

如此大热的区块链技术发展无法不引起广大金融机构、科技企业、资本市场甚至政府部门的关注。区块链去中心化、时间序列数据、集体维护、可编程、安全可信的五大特点值得众多行业各取所需。

随着这项技术的不断发展，政府机构、学者、企业家力求将这项技术从单纯的金融行业延伸至公众、医疗、地产领域等存在高昂成本或信息安全隐患的行业当中。这也归功于区块链技术特有的分布式、可追溯、不易篡改这三大性质，凭借这种手段可以帮助个人、企业、机构、政府部门在非信任环境中力求达成共识并建立可靠的数据库。

金融从业者所关注的价值是它作为以去中心化理念、分布式共享记账技术为核心的区块链，未来可被嵌入金融领域的诸多环节，例如，增信、确权、股权登记、金融贸易、数字资产等。区块链目前尚处于发展的初级阶段，无论是大机构还是小公司，对区块链仍在探索阶段。而行业中目前并不存在“独角兽”的局面也是近两年区块链企业能够吸引大量资本支持的原因之一。

容易获得融资的行业和企业一般都具备以下特点：有噱头，有前景，能快速获得回报，市场容量不是太窄，没有大的政策风险，领域内最好没有形成巨头垄断。其中一些特质也正是区块链企业所拥有的。这也是区块链行业成为投资热点的原因之一。

资本的强势介入

从国际资本支持视角来看，英国的五大基金公司 Schroders、Aberdeen资产管理公司、贝莱德集团、Aviva 投资集团和 Henderson 全球投资集团早在 2016 年就开始探索区块链基金的操作，这也是较早关注区块链前景的一批投资公司。

美国作为最早的区块链基金的乐土，帮助很多区块链企业完成了融资。例如，在 2018 年初，硅谷 SWFT 团队研发的快速简便的数字资产转换平台 SwftCoin 获美国顶级区块链基金“德鼎”投资；3 月，总部位于美国洛杉矶的区块链投资基金 Maco. la 宣布完成了一笔 600 万美元的融资，投资方为 Strome Management Investment。迄今为止，Maco. la 基金已经完成了三笔投资交易，包括投资了对加密货币行业非常友好的 Silvergate 银行；RREVenture Capital 作为美国知名风投基金，其基金规模超过 15 亿美元，并投资多家知名区块链初创公司股权；美国知名风投基金 Winklevoss Capital，投资多家区块链技术公司，创始人 Winklevoss 兄弟曾参与创立脸书，持有大量比特币并创立比特币 ETF 基金。

2018 年初，加拿大六域链基金会也着手积极开拓加拿大“区块链+物联网”领域的相关业务，成立加拿大区块链投资基金，筹备设立相关研究院，并购加拿大区块链研发技术，从而加快推动物联网应用落地。

同一时间，Top Fund 投资新加坡区块链项目 MIT。新加坡对于区块链与加密货币非常开放，在区块链金融创新监管政策方面的开放程度远超亚洲其他国家。MIT 由摩耳甫斯实验室（Morpheus Labs）开发，而摩耳甫斯实验室是 2016 年获选进驻 SGInnovate 孵化器（直属新加坡政府总理办公室）的前三家初创公司之一，同期的另一家公司为以太坊。同时，MIT 在迪拜政府智慧城市计划全球竞标的 22 家区块链公司中排名前五，一同入选的团队包括微软和 IBM（国际商业机器公司）。

日本作为比特币的溯源地，在 2018 年 1 月推出了首个加密货币基金。对于这支价值超过 3 亿日元（约合 266 万美元）的货币加密基金，比特币交易所运营商 Fisco 表示将投资自有资金用于基金，并进一步从两家金融科技公司筹集资金，目标是每年从基金中获得 20%的投资回报。

我国的资本市场也同样将区块链视为共享经济、人工智能后的又一个“风口”。4 月 14 日，比特易宣布获得软银中国、蓝驰创投的 A 轮战略投资。这是软银中国第一次投资区块链企业。因此被业内人士认为是国际 PE（私募股权基金）巨头加码区块链行业的重要案例。品途集团数据显示，2018 年第一季度，区块链企业的获投案例数量为 107 起，投资金额为 33.12 亿元，而 2017 年第四季度，这一数据仅为 38 起和 11.74 亿元。由此可见，区块链行业已经确立其在资本市场投资领域的地位，并会以这种趋势保持持续增长。毫无疑问，资本市场的介入对区块链这一备受争议的新型技术来说是一剂强心针。

第二节　区块链金融投资基金助推产业孵化

贵阳市是在区块链领域布局最早的城市之一，在 2016 年工信部发布《中国区块链技术和应用发展》白皮书之后，贵阳市政府同年末随即发布了《贵阳区块链发展和应用》白皮书，直指区块链三大重要应用场景：政府应用（政府数据共享开放、数据铁笼监管、互联网金融监管）、民生应用（精准扶贫、个人数据服务中心、个人医疗健康数据以及智慧出行）、商务应用（票据、小微企业信用认证、供应链金融、物流等）。力求通过五年努力，实现在全市建成主权区块链应用示范区的主要目标。作为地处贵阳市的基金公司，自然应当不可缺席地加入“思索如何推动贵阳市区块链发展”的大潮当中。

区块链金融投资基金的设立背景

作为区块链发展的先行者，贵阳成立了中国首个大数据交易所、中国首个众筹金融交易所。贵阳市政府在白皮书中对贵阳发展区块链的指导思想、推进原则、主要目标、总体架构、空间布局、应用路径与推进方案进行了阐述，并提出了“五年计划”，旨在通过五年的时间使本市的区块链产业产生突破性的进步。同一时间，身为贵阳市的基金管理公司立即开始构想探讨“作为一个有社会责任感、使命感、专业性的基金管理公司，我们到底能在可预见的区块链发展热潮中做些什么？我们如何能够以一个金融从业者的身份响应市政府‘大力发展区块链’的号召”？

2017 年初，贵阳市人民政府带领贵阳市金融行业的成功企业家和区块链技术专家组团访问美国硅谷并参加了 NABA、中国贵阳市、IBM、国际金融中心协会等主办的“首届北美区块链金融科技峰会”和“贵阳区块链战略说明会暨本位制数字金融体系全球发布会”（相关会议见图 5.1）。访美期间，通过与 GE（通用电气公司）、IBM、微软、Smartup 等大公司的行业专家沟通，聆听他们对区块链深入而详细的解读，以及 GooCoin、BitWage、WeTrust、Skuchain、BlockSeer 等众多创业公司专家对他们在区块链各自领域中的技术运用分析，访问团人员不仅交流了区块链生态系统如何促进创新，更重要的是了解到硅谷存在大量的初创型区块链企业需要资本支持、场景支持，这与贵阳打造区块链小镇、扶持区块链产业发展的诉求不谋而合。而成立区块链金融投资基金很可能就是贵阳市营造区块链产业发展环境的重要一环。访问团随即于北美区块链金融科技峰会上表示贵阳市也将设立属于自己的区块链金融投资基金。

图 5.1 洛杉矶·贵阳区块链研讨会

区块链金融投资基金的设想

就技术本身而言，区块链技术并不存在太多创新，它只是大数据、云计算、密码学等多种成熟技术的融合成果。但是，它蕴含着改变商业模式的能力与对未来空间的无限遐想。建立在区块链技术之上的 Token 以及基于 Token 的激励分配机制，有可能给生产关系带来巨大的改变。它所具有的价值传递能力和重塑力量可以为每个场景、每个行业打造自己的链条。但不得不说，区块链技术仍然处于

"婴童阶段"。尽管技术上处于初级阶段，但"高出身、新鲜事物"的标签和特点吸引了金融行业的大力关注。尽管区块链行业将是未来各国技术竞争的主战场，基金的成立可以助力中国区块链技术腾飞，使中国在全球新技术竞争中掌握话语权，但也正是因为发展阶段较初级以及与其他商业模式结合的不确定性等特点，基金管理公司更倾向于把对区块链金融投资基金的投资定性为创投性质、风投性质、天使投资性质。

投资范围、策略

基金的构想并不是难事，困难和争论在于如何实践。在基金的设计过程中，与合作方的争论是无处不在也不可避免的。作为有担当、有独特品质的基金管理公司，基金所坚持的原则正是"产业发展为本"，也许固守传统、坚持依法合规投资的方式在小部分人看来墨守成规、过于死板，但正是这种执着的个性使基金管理公司避免陷入"挣快钱"的陷阱。而央行等七部委随后正式定性 ICO（首次币发行）是未经批准的非法融资行为，也更加印证了既要业务创新也要以遵守规章制度为前提这一点的正确性。因此，经过无数次的争论，最终将基金投资范围定为三类（见图 5.2）。

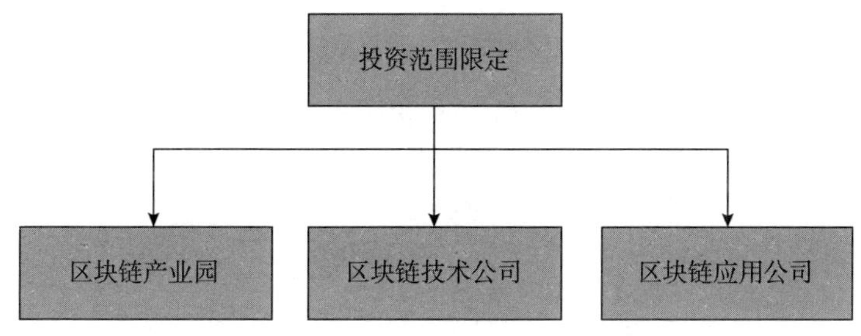

图 5.2　区块链金融投资基金投资范围

一是区块链产业园等属于基础类的投资，二是区块链技术公司的长期投资，三是区块链应用公司尤其是金融领域的投资。根据投资经验，无论是投资周期还是回报，在创投领域都较为恰当。随后将投资范围限定在这三类上，再因地制宜根据不同的类型采取不同的投资策略。

第一，坚持市场化运作。基金紧守市场化运作的原则，通过市场化股权投资模式，优化财政资金配置效率。通过丰富的投资经验，既发挥基金的引导作用，又对项目进行市场化客观评价，保持基金投资高效性。

第二，注重科学化管理。基金完善对项目投资的事前尽职调查、事中投资谈判、事后投后监管和项目跟踪督导的整体流程架构，保证投资整体的合规性，充当风险隔离的防火墙。

第三，社会效益和经济效益并重。基金投资在达成促进区块链产业优化发展，加大实业投资等社会效益目的的同时，兼顾经济效益，通过投资产生收益、持续造血，做大基金总体规模，更好地服务于政府引导资金助推社会经济发展的工作。

基金将按照统一的标准及流程组织项目的遴选，遴选出的项目将归入备选库管理。在投资备选项目遴选上，根据目标市场范围，设置了严格的项目遴选标准，包括定性标准与定量标准两个方面。项目的定性标准主要以项目企业的行业地位、创新能力和成长性为评估对象，考察项目企业的资产规模、业务规模、技术创新、未来发展、上市预期等。

投资难点

区块链的投资过程并不是一帆风顺的。首先碰到的问题就是估值难。众所周知的一个道理是“很多你所知道的好东西别人也知道它是好东西，大家都知道的好东西常常其价格就已经体现其价值了，也就是说不会很轻易让你捡到漏”。大力发展区块链的呼声使资本市场的火热近于浮躁，加之区块链技术作为新兴产业，并不存在历史参考价值，因此绝对估值法、相对估值法等传统估值难以准确评价企业内在价值。

其次，投资标的问题也是投资新兴产业要深思熟虑的问题。作为新兴产业，区块链企业的技术前沿、技术前景难以判断。从 2017 年开始，区块链技术发展势头火热，目前国内也出现了许多研究区块链的组织、企业，但成熟的应用领域仍相对较少。然而面对投资者，几乎所有企业均是采取“报喜不报忧”的普遍做法，营造出自身技术远高于同行业水准、投资必会获得巨额回报的误导氛围。所以在此问题上，基金管理公司更倾向于与传统商业模式相结合的企业合作，而不是区块链技术至上、寻求彻底颠覆类型的企业。这也就是经常所说的“innovate（创新）锦上添花”和“invent（创造）无中生有”的区别。革新容易，革命难。革新的基础是核心特质化，在于不断精进，而革命在于不断改进。革新追求精益求精，而革命追求奇思妙想。从商业角度上看，革命技术与传统之间的融合生存力更强。

再次，难以有效对赌以及兑现的可能性也是区块链投资中的难点。区块链产业尚处于“婴童阶段”，其在实际应用中尚不成熟的行业整体境况使其薄弱的骨架无力支撑对赌带来的业绩压力，因此容易急于求成。从法律角度看，在以上市时间或财务指标作为对赌内容的对赌安排中，若涉及以固定年化收益率计价回购股权或进行现金、股权补偿，此类约定可能会被认定为无效。此类约定在中国往往缺乏相应的法律支持或直接与中国现行法律相冲突，因而在很大程度上是作为“君子协定”存在的，投融资双方一旦出现纠纷，此类美国式创业融资契约条款在中国司法实践中能否顺利实施，长期以来一直处于或然状态。

最后，团队对复合型人才的需求问题。区块链产业的投资对创业者的素质有非常高的要求。通常来看，天使投资人投资的是创业团队，而不是创业项目。天使投资人要寻找在创业公司的商业领域内有真正经验的人，并且由这样的人来运营管理创业公司。创业者既要有一定的技术水平和经营能力，又要有应用区块链技术改变世界的梦想，并且要选对发展方向，还要有长期在行业里钻研、奋斗的决心，有穿越熊市、牛市经济周期的能力和健康的创业心态。在当前区块链大热的背景下，很难寻找到稳定而肯坚持的复合型人才团队。

投资基金实践中的成效措施

LP（有限合伙人）的选择

投资难点的出现使基金管理公司在区块链金融投资基金设计过程中做了大量思考。为了解决上述问题，首先，在 LP 的选择上要做到严格筛选，最根本的要求是所选机构要有实力，这类机构往往资金充裕并且能够承担一定的风险。其次，所选机构还需要有科技金融理念与广阔的国际视野。尽管很多机构实力出众，但是在投资上却目光短浅、瞻前顾后，与基金投资的性质大相径庭。在机构数量的选择上，我们倾向于相对的均衡，将总数控制在五家左右，过多的目标会导致投资不畅，有效的数量控制可以有力避免争议过多问题。要主动选择有的放矢的企业或机构，选择这类企业的好处是有应用环境和可配合业务协同，这也是区块链技术在目前实际应用中亟须解决的问题。最后，由于贵阳市鼓励大力发展区块链产业的特殊性，我们选择积极寻求政府合作，以政府产业基金的模式引导投资，实现对贵阳大数据区块链金融发展的支持。

GP（普通合伙人）的选择

在GP基金管理人的选择上，基金管理公司始终坚持开放包容的心态寻求与其他GP的合作。从贵阳市来看，最佳的组织模式为自身就是高度市场化加政府背景的基金管理公司（市政府平台公司持股并低于50%）。这种模式无论是从项目资源上还是工作效率上都具有得天独厚的优势。将政府的资源信用优势和民营企业的高效经营机制优势有机结合。混合所有制双优势驱动公司发展、强大的背景和优良的项目资源，以及市场化和专业化的管控机制这三大优势使基金管理公司在管理此类产业基金时得心应手。而在合伙GP基金管理人的选择上，基金管理公司也倾向于与其模式相似的实力较强、效率较高、信用较好的基金管理公司合作。贵阳市贵山基金管理有限公司股权结构见图5.3所示。

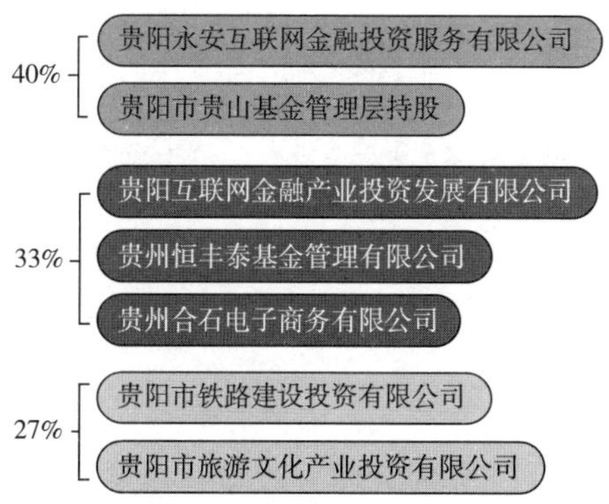

图5.3　贵阳市贵山基金管理有限公司股权结构

投决会的设立及投资决策原则

按照基金设立的原则，为了规避风险，通常的做法是分散投资。做到类型的分散和投资标的的双重分散。将募集资金投资于区块链产业不同类型的企业当中，对于集中看好的某一类型的企业也做到投资多标的。合伙期限为五年，这也与贵阳市大力发展区块链产业的“五年计划”相符合。基金不仅为区块链创新企业提供资金支持，更重要的是与创业者共同参与到区块链行业中，帮助创业初期的公司明确发展方向，培育区块链技术，推动社会生产力和生产关系的变革。贵阳市区块链金融投资基金结构如图5.4所示。

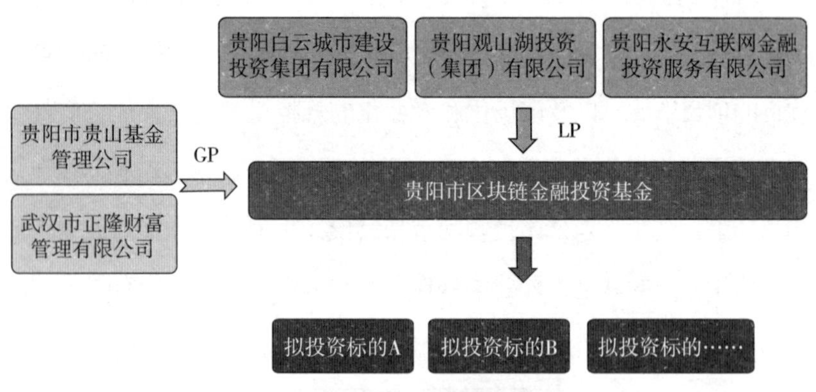

图5.4 贵阳市区块链金融投资基金结构

对于投资决策的选择，坚持技术论证加商业模式加团队论证。对各种技术实践活动进行分析、比较与评价，选择技术先进、经济合理的最优选择或满意方案。保证全面地分析拟投资标的的真实情况。设置了初步调查、项目初评、项目立项、尽职调查、项目论证、项目谈判、补充调查、基金管理人决策、基金投资决策委员会审议与决策等一系列科学的流程。投资路径与项目库管理由基金管理人负责，即项目的收集、汇总，各有限合伙人及代表市政府的贵阳市平台公司参与基金投资的优质项目推荐。相关项目通过初筛后由基金管理人最终报送投资决策委员会进行投资决策（流程如图 5.5 所示）。

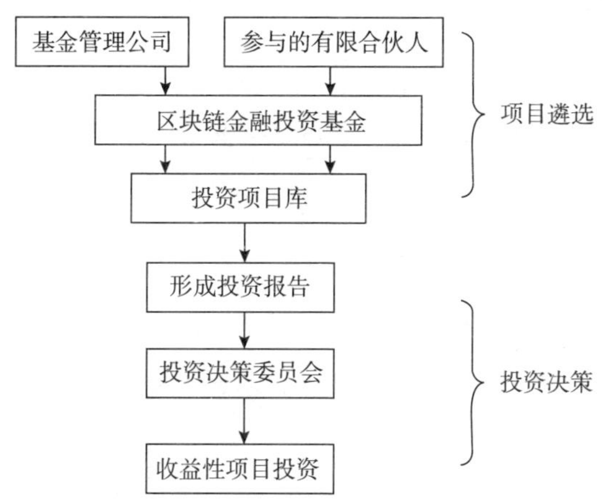

图 5.5 投资路径与项目库管理流程

在设计基金方案之初，考虑到区块链金融投资基金是一种投资于新兴行业并且属于创业投资、风险投资性质的基金，设置相对较高的门槛以保证所有合伙人的权利是必要的，基金投资决策委员会给予所有合伙人一个投资决策席位，当赞成票至少为 4/5 时即宣告通过。投资决策委员会就基金进行资产投资或处置做出最终决定权，保证了基金投资方向的准确高效。投资退出上，基金管理人根据所投项目实际运营情况提出项目退出方案，并提交投资决策委员会审议并决策，由基金管理人执行投资决策委员会决策通过的退出方案，理想的主要退出方式为 IPO（首次公开募股）或被并购退出。

对于投资获得的收益，一般而言实行单个项目独立核算制，即每个投资项目单独核算各合伙人的出资比例及相应的分配比例。例如，对来自投资项目的可分配资金收入按以下顺序进行分配：分配各合伙人在单个投资项目上的实缴出资额；分配有限合伙人在单个投资项目上实现8%/年（含8%/年）的投资收益；分配普通合伙人在单个投资项目上实现8%/年（含8%/年）的投资收益；分配单个投资项目上实现超过8%/年的收益，其中收益的20%分配给普通合伙人，80%分配给有限合伙人。通过这种方式，既可以达到政府引导投资的目的，又可以吸引有限合伙人的加入，还可以激发基金管理人以及被投资企业自身的积极性。

贵阳市对创投类企业支持助力投资成功可能性

考虑到贵阳市无论是对创投标的企业的发展，还是对创投企业的投资都出台了相应的配套政策加以扶持，资本市场也更愿意将精力投入到区块链产业当中。例如，《区块链十条政策》是贵阳高新区促进区块链产业发展的首个优惠政策，它使贵阳高新区聚集了高登世德、翼帆金融、航天云网等区块链技术及关联企业11家，实施区块链项目17项，组建了西南首个区块链产业技术创新联盟（相关仪式见图5.6）。《贵阳市人民政府关于金阳新区鼓励投资扶持的有关政策》规定符合条件的企业税收上的留存部分用于奖励。在区块链企业主体支持和金融支持上，采用一次性金额补助。

在创新支持上，购买科技成果和技术转让也可以获得相应的金额资助。区块链企业通过融资担保方式获得的银行贷款，给予贷款利息及担保费用全额补贴。不仅如此，贵阳市政府响应“大众创业，万众创新”的号召，对符合要求的企业办公用房、网络等给予优惠，对小微企业、孵化机构等给予税收支持。创新投贷联动、股权众筹等融资方式，减税和投资亏损弥补政策也在很大程度上减小了初创

图 5.6 中国大数据金融产业创新战略联盟授牌仪式

型企业的压力。为了吸引人才进入贵阳，区块链企业对引进人才或应届本科毕业生都给予不同额度的现金奖励，推出高层次人才绿卡，支持区块链高层次人才和创新团队在贵阳市创办区块链企业，为创业创新创造条件。这无疑使政府和企业在共同发展区块链产业上各司其职，企业在发展过程中为政府分摊压力，政府为企业减轻负担，也在一定程度上降低了投资失败的可能性。

第三节 从投资角度看区块链金融产业基金未来

区块链作为一个新兴产业，它的研究与开发必然离不开资本的支持。众所周知，多数西方发达国家的 R&D（研究与开发）发展历程基本上是按照政府主导型、政府企业双主导型、企业主导型依次发展的。在工业化第一阶段，政府作为 R&D 大规模资金投入主体的作用十分明显，发挥了强有力的先导作用。在工业化第二阶段，各国根据本国的国情与经济发展战略对 R&D 资金的投入进行了比例调整。前期，企业投入的 R&D 资金十分有限，政府作为 R&D 投入主体，引导和支持企业的 R&D 活动，有助于企业快速成长，也有利于国家的工业化推进。随着工业化水平的提高，由政府主导的投入模式已无法满足企业技术创新的需求。企业 R&D 投入已成为其竞争与战略发展的重要组成部分，由政府主导型模式演变为企业主导型模式就成为必然。由此可见，以政府引导产业基金这种模式进行投资对于未来的作用不可限量，但尚处于“初级阶段”的区块链技术毫无疑问是最佳选择。

投资区块链的价值所在

一个有社会责任感、力求为社会创造更多价值的基金公司，看重的不仅仅是技术的发展潜力，更是区块链所带来的“民主进程”“社会进步”特性。互联网时代的信任危机、信息的不对称等问题已经不可逆转。社交媒体、公众媒体、电商、企业，每个角色都试图把用户累积的记录据为己有，并依靠“垄断大数据”形成自己的商业巨头模式。即使是自身领域的巨无霸，也无法解决互联网存在的信任危机、数据内容的真实性问题。而区块链所带来的透明性可以近乎零成本地解决将信息传递转变为价值传递的过程。

区块链的本质其实就是构建一个人人参与的、多中心的信任体系，并在此信任体系之上，实现可信任的数据共享。而这一革新正是从“网络设备民主”到互联网思维，从“应用设备民主”到区块链思维。区块链技术虽然前景明朗，但是值得担忧的地方也不容忽视，虽然业界已在成本、安全效率等方面对区块链进行了调整和优化，但区块链在生产过程中容易造成计算和电力资源的浪费，其本身性能和效率需要提高，隐私保护有待加强，安全问题有待解决。同时，区块链与各行业监管体系的融合问题不容忽视。新技术成熟往往从概念落地开始，然后从概念变成主题再到成熟期。区块链才刚刚开始，未来的应用场景会变得比现在更多，虽然目前资本市场炒作的是区块链的概念股，但是资本市场的最大特点之一是技术概念往往在短期内被高估，而在长期内往往被低估。

我国正在大力推进区块链产业发展，有不少地方政府已经设立了产业发展专项基金，意在争抢区块链发展高地。但是，从大规模金额投资的结果来看，很多人对它的认知仍停留在知其然而不知其所以然的层面，只是一味地盲目崇拜，这使行业内很多项目都存在概念炒作的迹象，研发出的成果质量也良莠不齐。任何一个新事物的兴起肯定伴随着泡沫的产生，现在的区块链行业在二级市场就存在大量泡沫。值得注意与警惕的是，区块链的发展需要的是更多务实做事的人，而绝非投机者。

区块链基金设立的必要性

贵阳的大数据发展和区块链发展已经成了城市的名片。其实两者没有直接关系，大数据是资源整合，云技术是整合资源所提供的收费服务。大数据突出的是对数据的分析整理，而区块链是一种底层技术，在互联网底层搭建一个区块链网络，所以很多人称其为“价值互联网”。两者虽然没有关系，但可以完美地结合。比如，区块链有可追溯的特性，大数据包在区块链网络上交易的时候，能够在全网看到它的流向，从而实现对这个数据包进行确权、跟踪等。

区块链技术作为未来科技的发展趋势，并不是单纯的某一项技术。区块链如何与人工智能、大数据等领域进行更深层次的结合，如何在商业场景中真正实现应用落地，还需要行业同人共同摸索。区块链经济的核心不在于技术，而在于商业逻辑的重构。通过使用区块链，许多大规模的协调问题就消失了。困扰全球金融基础设施、投票、国际汇款、保险政策、保管记录甚至政府腐败的难题都可以通过简单的设计得以消除。

目前来看，区块链技术在金融行业很有可能与支付清算、数字票据、银行征信管理、保险管理、金融审计等需要“可信超级系统”的领域相结合并共同发展。参考以区块链为基础而形成物联网系统的澳大利亚、以区块链技术形成网络防御平台和通用化应用的北约（NATO）、计划将区块链技术融入国防力量的俄罗斯等一些国家和地区对区块链技术应用的经验。区块链蕴含着无限商机，投资行业也相信，在未来区块链技术同样会很好地应用在精准扶贫、跨境支付、物联网、供应链、云储存、知识产权、慈善等领域。目前区块链行业仍处于基础设施搭建阶段，但进展已开始加速。从投资角度分析来看，现如今初创型公司的产品尚不成熟，业绩难言乐观，而行业估值普遍较高，行业拐点尚未到来，目前正处于区块链技术学习曲线的积累阶段，期待爆发级应用场景的落地。

各界密切关注贵阳市区块链产业投资前景的原因有很多。贵阳市力求发展区块链技术不仅是出于提升城市竞争力、改善民生的考虑，更是为了提升政府透明度以及信息的充分利用，这也体现了贵阳市政府执政观念的先进性。对不同的政府部门来说，目前信息流通并不顺畅，对广大群众来说更是如此。如果将各部门的信息数据与区块链联系起来，当政府部门与公民同意数据共享的时候，就可以确保数据被实时发布，从而使信息被充分及时地利用起来。

反腐工作是一项关系党和国家乃至民族大业的长期系统性工程，区块链技术必将为社会主义法制建设提供良好的政治保障和立法保障。贵阳市区块链金融投资基金也会在“既要坚持创新业务，也要遵守金融投资基金原则”的前提下，更好地为贵阳市的区块链产业发展服务，更好地响应市政府大力发展区块链技术的号召。在发展“国家中心城市战略”的大背景下，打破传统思维定式，提升城市的竞争意识和机遇意识，促进城市产业繁荣，提升城市竞争力，为将区块链技术打造成为“城市营销招牌”添砖加瓦。

第六章　场景应用

打造区块链金融创新高地

区块链是有史以来第一次从技术层面建立去中心化的信任共识，从而带来了前所未有的技术革新，并最先给金融领域带来了机遇与挑战。区块链能够产生如此巨大的商业价值，依靠的是其自身具备的无法比拟的优势。区块链作为以数字资产流转为核心的价值互联网的底层基础协议，是数字经济的战略性支撑技术，推动大数据产业迈向真实可信、共享协作、安全有序的新型社会化治理体系，成为全球经济增长的新引擎，推动社会进入全新的发展阶段。而区块链应用场景的培育和探索是区块链金融发展的关键。

第一节　对区块链应用的探索与思考

区块链技术从产生以来，已经在比特币、针对银行金融机构的应用方面及社会应用方面，催生了大量的讨论、研究和投入。区块链有史以来第一次从技术层面建立去中心化的信任共识，从而带来了前所未有的技术革新，并最先给金融领域带来了机遇与挑战。区块链金融应用场景是一个非常新的领域，在全球缺乏统一的区块链技术标准的情况下，各国金融机构也都在不断摸索。贵阳的区块链金融的应用场景，在经历了最初非常多的开放性创构之后，终于随着整个监管层思路和方向的明确，较多地落实到了和传统金融及大数据金融的结合场景上。

区块链在交易所应用场景方向的探索

全球大数据区块链交易所的探索：贵阳拥有中国第一家大数据交易所和众筹交易所。两个交易所都在灵活运用主权区块链的基础上，结合了很多现在相对成熟的云存储技术及规则、云通信技术及规则、UKEY（密钥）技术及规则等，运用多重方式保障用户的数据安全及隐私，更好地提升了区块链的稳定性及公信力，在政府的支持下探索，努力在未来打造出全球第一个合法、合规的大数据区块链交易所。

全球大数据资产的登记、托管及结算中心的计划：运用主权区块链技术，有利于形成具有公信力的数据资产确权登记平台，解决交易确认、记账对账和投资清算中的各种问题，促进数据资产在发行、流通、结算等各个环节规范化，建立健全数据投资机制，保证大数据资产市场稳定健康发展。区块链加数据投行是一个新型商业模式。对存量数据进行筛选、重组、登记、确权、评估后，形成数据资产包，并以其使用权供全国数据金融投资市场内的创新型企业使用，根据创新型企业的规模、使用的数据量、使用时间的长短来获取创新型企业股权。一方面，盘活社会存量数据资产，加快当地经济转型升级；另一方面，解决创新创业企业在发展初期数据资源不足的问题，激发“双创”活力。

消费积分交易所的构想：贵阳众筹金融交易所尝试灵活运用主权区块链技术原理将消费积分产生及交易系统打造成消费积分区块链交易体系，主要层级为底层+中间层+应用层。底层是一些通用的基础模块，比如，基础加密算法、网络通信库、流处理、线程封装、消息封装与解码、系统时间等；中间层是区块链的核心模块，一般包含区块链的主要逻辑，如 P2P（点对点）网络协议、共识模块、交易处理模块、交易池模块、简单合约或者智能合约模块、嵌入式数据库处理模块、钱包模块（分布式数据存储及账本）等；应用层，往往都是基于 Json Standard RPC 的交互模块或 Web-Service（万维网-服务），如治理、监管、合作数据交互传输、多中心、多节点以及结合成熟的 UKEY、通信验证码等技术加强并提升区块链技术的安全性，真正保障用户的数据和隐私安全，更好地提升其公信力。

智慧绿色能源交易中心的尝试：贵阳众筹金融交易所拟成立智慧绿色能源交易中心，通过与湖北民族学院信息工程学院、全球网、区块链联盟等技术团队的合作，运用物联网、大数据、区块链等技术，实现太阳能光伏电站的智能化改造，并在此基础上，创新太阳能的众筹交易模式，实现第三次工业革命中提出的能源互联网的大交易时代。通过区块链技术，可以使每一个太阳能电池板成为一个节点，成为一个独立的运用主体和投资标的，真正实现绿色能源的去中心化、智能化、可视化、可交易化。

目前，太阳能光伏企业享受国家政策扶持补贴与扶贫项目的补贴优惠，普通众筹投资人只需投入几千元至几万元，即可获得生态移民区/扶贫区 10～25MWp（兆瓦）光伏电站（强光照地区项目、移民项目、边远山区及地区扶贫项目等），占据电站太阳能电池板发电毛收入的40%左右的收益（收益依据项目情况不等），收益期可长达 20～25 年，每季度结算收益。初始众筹投资人的未来绿色能源收益权（例如，太阳能电板的收益权）也许可以在众筹所上市流通交易。

邮票众筹扶贫项目与区块链运用：区块链金融协会将尝试灵活运用主权区块链技术结合众筹，生成一枚世界独一无二的电子邮票，并申请国家邮票相关发行单位进行实际纸质邮票的发行，这具有独特的收藏价值。

尝试灵活运用区块链工作量证明机制（PoW，Proof of Work），将消费过程及消费频次进行量化统计和数字加密处理，再结合股份授权证明机制（DPoS）原理结合成熟的安全技术，最后由众人共同创造这枚邮票，因此赋予了其特殊的使命和意义。根据区块链的可追溯性，可以记录该邮票的流转情况，将其多次交易收藏的记录都存储下来，并且将合法交易产生的佣金按一定比例用于爱心扶贫项目，同时也记录每一次扶贫的对象，使扶贫透明化、公开化、即时化，提升其公信力，完全杜绝弄虚作假。

区块链在促进证券市场发展中的应用

区块链是一个高度安全、不可篡改的分布式账簿，提供一套安全稳定、透明、可审计且高效的记录交易及数据信息交互的方式。区块链可通过技术手段保证价值交易各方在弱信任或无信任的前提下从事价值交换活动，从而做到真正去中心化、去第三方中介机构，实现信息互联网到价值互联网的转变。区块链技术在中国证券市场中的应用存在巨大潜力，证券市场的各个领域，包括证券的发行与交易、清算结算、股东投票等各流程、各环节都可以通过区块链技术被重新设计和简化。

20 世纪 90 年代出现的国际互联网改变了证券的发行与交易以及清算与结算模式。互联网在惠及证券行业的同时，也衍生出了许多新的金融运行机制，包括 P2P、众筹等融资方式，改变了证券行业的格局，引领了资本市场融资领域的革命性创新。

与传统的交易账本只由第三方中介掌握不同，区块链技术允许所有市场参与者拥有交易账本副本，实时掌握并验证账本内容，共同维护账本的真实性和完整性，提高了证券交易系统的透明度和可追责性，并有效规避金融欺诈等现象。区块链技术带来一系列潜在优势，包括提高效率、缩短处理时间、加大透明度、降低成本和确保安全。因此，证券市场是区块链天然适合的应用领域，两者的契合度非常高。

第一，证券交易的前台系统承担着撮合交易的功能，后台系统则负责交易的清算与交收，两个系统流程和环节较多，使各交易所处理交易的时间与资金成本过高。同时，不能在交易当日完成实时结算的制度也给资本带来了潜在风险。区块链能够简化、自动化冗长的交易流程，实现证券发行人与投资者的直接交易，减少前台和后台交互，节省大量的人力和物力。

第二，传统证券市场以交易所为中心，交易所的交易系统保证全部交易的正常进行，一旦交易系统被攻击或出现故障，就可能导致整体网络瘫痪，使交易暂停。区块链技术利用许多分布式节点和高性能服务器来支撑点对点网络，整体运作不会因部分节点遭受攻击或出现问题而受影响。

第三，由于全部的资产及证券交易都能够以代码或分类账的形式体现，通过对区块链上的数据处理程序进行设置，证券交易就可自动在区块链上实现，交易所的自动化水平将大大提高。

第四，区块链技术可以确保交易信息的机密性和安全性。区块链技术采用了全新的加密认证技术和共识机制，这一先天的优势使区块链有天然的高机密性和高安全性。

区块链对于证券的清算结算具有重要意义。在我国交易后台系统中，撮合成交完成后还要经历交易确认、清算、交收三个环节，需要证券交易所、证托管局、券商、银行等金融中介机构的通力配合，完成相应的交易确认、记账等工作，存在较长的时滞，增加了交易风险。区块链清算系统将简化这一复杂流程，通过共识机制确认交易的真实有效，并完成资金的划拨以及证券的交割，整个过程可缩减至数分钟，大大缩短了清算时间，减少了结算风险。区块链加密技术实现了证券的清算与结算的“分中心化”，省略了交易系统中的后台系统，有效降低了记账、验证交易和第三方审计的高额成本，同时降低了证券交易所的交易成本。在区块链技术条件下，“交易即结算”变得非常现实。与传统“T+3”和“T+2”的清算时间相比，点对点交易可以让清算过程实时发生，提高了资产的流动性。区块链的交易“保真”可建立一个高透明的权益市场，由于参与交易的双方都有完整的交易记录副本，篡改交易或者伪造交易记录的行为几乎不可能实现。

此外，我国证券交易市场有其监管意义上的中心化需求，包括司法方面冻结特定账户资产的特权要求、行政监管方面对特定账户进行实名化看穿式管理要求、交易所在自律监管方面的停牌停市的特权要求、等级托管机构对特定交易的缓拒交收操作特权的要求等。区块链应用在证券市场的落地，必须考虑与现有体系的有效衔接，适度引入一些带有中心化色彩的机制，为监管层面、审计层面引入特权账户，才能更好地结合区块链的技术特性，发挥其最大价值。

区块链技术应用过程是金融脱媒脱介的过程，也是金融弱中心化、强交互信任的过程，必将伴随着金融市场基础设施的重新规划，深刻撼动中介机构的运行方式，并逐渐启动场外市场场内化进程。但区块链技术和应用特性也需辩证看待，区块链在实现高效透明的实时结算与清算的同时，其资产流动性强的特性在当前融资融券模式、投资资产组合交易模式下有其局限性，区块链的数据加密、存储和吞吐量等技术特性仍需进一步与证券市场需求相适应。我国证券市场在探索区块链应用落地的过程中，考虑性能、安全和效益的平衡，拟采用循序渐进的方式，初期应用更多的是把区块链作为一种建立互信的手段，再结合我国的政策及区块链本身技术发展，逐步推进更广泛的应用。

区块链技术搭建下一代网贷平台的构想

从 2015 年 10 月起，国家就以打击“非法集资”为主，对互联网金融行业展开整治。而在 2016 年 8 月，银监会等多部门联合发布的《网络借贷信息中介机构业务活动管理暂行办法》和同年 10 月国务院发布的《互联网金融风险专项整治工作实施方案》，被业内人士称为 P2P 的寒冬时代来袭，那些“野蛮生长”以及“无序发展”的平台将会被彻底清除，网贷行业的生态圈也将逐渐走向正轨。

结合行业问题和区块链技术的特点，可以考虑引入区块链技术，重新打造下一代网贷平台。整个流程分为以下四个部分。

提出申请。筹资人根据自身需要提出借款申请，随后进入身份认证、审核、信用评分、授信等环节，在此过程中可能需要与风险评级机构、大数据公司合作。经过这些环节之后，筹资人与筹资项目将进入区块链网络，筹资人信息进行匿名处理。最后，平台收取管理费和手续费，而筹资人和投资人则需要安装区块链钱包。

甄选投资。投资人的信息经过审核后同样进入区块链网络，当有新的筹资人借款标的进入区块链网络时，将通过广播的方式告知所有投资人，投资人自主判断选择投资哪个筹资人的借款标的，在一定期限内，如果筹资额达到借款标的的借款数则筹资成功，筹资成功后自动生成智能合约。

满额放款。根据智能合约的条款，实现自动放款和自动还款，而放款和还款信息记录在区块链账本中，任何区块链中的用户都可以查阅和检验。由于区块链的技术特性，所记录的信息无法篡改，且对全网公开透明，从而保障了平台的公正性。

到期收益。当投资到期后，投融资双方按照智能合同约定进行资金交割。这时会出现两种情况：第一，融资方履约，还本付息；第二，发生违约，P2P 贷款平台要履行追讨责任，在有担保的情况下进行赔付，否则出借人需要自己承担投资损失。

下一代网贷平台通过运用区块链技术将交易的可靠性由公众对一个公司的信任转移成对技术与算法的信任。

第一，防止黑客攻击和人为的数据篡改。区块链能够有效解决黑客的身份袭击问题和防止人为的数据篡改和伪造。网贷平台中的每个借款用户和投资用户的身份由各自的私钥控制，私钥是用户生成并保管的，没有第三方参与，黑客也就无法窃取用户的身份。即使私钥丢失，也没有人能对账户的资产做任何操作。而且，在区块链上，平台产生的所有数据都被加密，通过复杂的校验机制，即使是用户或平台区块链中的参与者作假，要完成假数据确认的成本也是非常高昂的，这让作假者知难而退，从而保证了数据的完整性和不可篡改。如果作假者有幸成功篡改数据，由于区块链中数据的连续性、一致性特点，也会很容易被其他参与者发现。

第二，流程独立。整个交易过程在区块链网络中完全独立进行。网贷公司主要提供信息收集、资质审核和后续的贷后管理等金融服务工作，交易过程由筹资人和投资人双方在设置的规则下按照智能合约自动完成，平台无法进行人为干预。除此之外，网贷平台收取管理费和服务费，不涉及交易资金，从根本上防止“自融”和“资金池”问题，且无须第三方资金存管。

第三，高效自动化。智能合同自动完成放款、还款，不受人为干预，方便快捷。

第四，可追溯记录。由于所有交易信息逐条记录，且每个节点都有完整的账本，自带清算和结算功能，无须对账操作，实现了全程可追溯。

第五，监控实时性。监控机构作为区块链中的一个网络节点，能够实时控制所有交易情况和数据。通过实时的数据比对，监管机构可以及时指出和指导平台上不合规范的行为。

运用区块链技术构建社会化大数据环境

能否打破数据孤岛，形成一个开放的数据共享生态系统，可以说是未来大数据成败的关键。而区块链是一种不可篡改的、全历史的分布式数据库存储技术。在强调透明性、安全性的场景下，区块链有其用武之地，可以有效地解决当前大数据遇到的问题。

第一，安全可靠。区块链的可追溯性使数据从采集、交易、流通到计算分析的每一步记录都可以留存在区块链上，使数据的质量获得前所未有的强信任背书，也保证了数据分析结果的正确性和数据挖掘的效果。

在大数据应用上，可以对数据作 Hash（哈希）处理，并加上时间戳，存在区块链之上。在未来的某一时刻，当需要验证原始数据真实性时，可以对相应的数据做同样的 Hash 处理，如果得出的答案是相同的，则说明数据是没有被篡改的。

第二，数据脱敏，兼顾隐私和共享。区块链技术可以通过多签名私钥、加密技术、安全多方计算技术，让那些获得授权的人可以对数据进行访问。数据统一存储在去中心化的区块链上，在不访问原始数据情况下进行数据分析，既可以对数据的私密性进行保护，又可以安全地提供社会共享。

也就是说，区块链通过进一步规范数据的使用，能精细化授权范围。脱敏后的数据交易流通，有利于突破信息孤岛，建立数据横向流通机制，形成“社会化大数据”。基于区块链的价值转移网络，逐步推动形成基于全球化的数据交易场景。

第三，去中心化模式，阻止垄断。大数据时代的互联网，最大的问题就是无法解决信任问题，平台越大壁垒就越高。目前主流的数据库技术架构虽然采用分布式技术，但都是私密且中心化的，在这个架构上永远无法解决价值转移和互信问题，社会化的大数据也永远看不到。

区块链作为一个去中心化的网络平台，可以包含全社会各类资产，让不同的交易主体和不同的交易资源类别有了跨界交易的可能性。在这个价值网络中，传统的商家可以共享自己的资源（商品或服务、用户、支付手段），而非传统商家（个人、非商业性的其他法人）也可以分享自己的资源——只要你在这个网络平台上有信用，只要你的资源有价值。而区块链数字密码货币技术保证了资金和信息的安全，并通过互信和价值转移体系，达成了在此前无法完成的交易。

第四，更加智能化。随着数字经济的发展，大数据能够处理越来越多的现实预测任务，区块链技术则能够帮助把这些预测落实为行动。通过把区块链技术与大数据相连接，大数据将会在“反应—预测”的模式基础上更进一步，能够通过智能合约来自动运行大量的任务。

大数据的预测分析能够与可自动执行的智能合约完美对接。特别是如果通过自动运行的智能合约、DAPP（分布式应用）、DAO（数据库访问对象）、DAC（数字模拟转换器）、DAS（开放系统的直连式存储）将区块链技术加入到经济支付层面，并作为量化管理工具，那么海量自动执行的任务将会解放大量的人类生产力，因为这些生产力可以被去中心化的全球分布式计算系统所代替。

区块链技术在驱动保险创新中的作用

基于区块链技术的安全、信任、自动化、可追溯性等特点，可以为保险行业在精准定价、信息安全、运营风险管控、保险反欺诈、个性化产品研发方面的创新提供一个不同的视角、空间及全新的实现路径。

精准定价。从相互性角度来看，区块链结合智能合约，将带来保险业务的自治管理，保险产品所覆盖的范围和价格，都因合约执行过程中输入条件和数据的变化而自动调整。如车险报价系统在报价过程中通过区块链技术反映出汽车的使用和司机驾驶行为，对司机驾驶危险性进行评级，最终进行精准定价。这种公平分担的定价机制，在一定程度上将促进更多优质客户购买保险的积极性。

信息安全。区块链建立在互联网基础上，任何接入互联网的端口均可接入区块链，任何证件、实物或无形资产、私人记录、证明，甚至公共记录都可迁移到区块链上，形成“数字身份证”。依赖于可靠、不可篡改的数据库，区块链将彻底改变人们的身份、资产等相关信息的登记与验证方式，各类数据信息和社会活动将不再依靠第三方个人或机构来获得信任或建立信用，全网的多方验证形成了数据信息的“自证明”模式。在区块链时代，保险公司可以实现对个人身份信息、健康医疗记录、资产信息、权属信息、交易记录等客户交易信息的全面验证与管理。保险公司最重要的是保单信息安全，目前保险公司更多的是采用纸质凭证和电脑机房数据备份的方式进行保单信息管理。客户保单遗失，更多的是依赖保险公司系统数据和对其公信力的信赖，但特殊大灾难也有可能导致保险公司数据和灾备数据同时灭失的情况发生。借助区块链技术的电子保单应运而生，这是互联网保险发展的基础。针对区块链数据不会泄露丢失等技术特点，部分保险公司正在研究将保单信息、客户信息及理赔信息放到区块链上进行存储，避免意外事故对数据安全的冲击。

运营风险管理。保险是经营风险的，保险的原理即风险是客观存在的。源于区块链数据的真实性和难以修改的特点，智能合约的出现有利于简化保单理赔处理流程，降低处理成本，降低索赔欺诈的概率。从事前预警承保风险、事中监管风险、事后防范欺诈风险，做到把风险消除在萌芽阶段。保险公司可以借助区块链提升风险管理水平来降低出险比例，从而减少运营成本。

保险反欺诈。保险赖以生存的原则是最大诚信原则，趋利避害是每个人的天性，单纯依靠道德约束不太现实。保险行业通过区块链技术可以数字化管理个人数据，大大降低身份认证欺诈和索赔欺诈的概率，从而增加人们对保险产品的信任度。在区块链时代，生物识别、加密算法和分布式等技术确保客户投保做到真正的“如实告知”，保险公司甄别风险从信任人到信任机器，大大提升了风险管理能力。

促进个性化保险产品研发。根据保险经营的大数法则，同质化人群越大，越容易开发同类型保险产品，承保风险越容易分解。目前，深层次市场需求的保险服务创新是制约保险发展的一个重要因素。区块链技术则为个性化保险产品创新提供了一个有效解决方案。区块链的分布式数据库打破了信息不对称对保险业务拓展的阻碍。区块链利用跨时空和时点的特性，灵活调整保险产品承保范围并定价，制定针对性的承保政策，有效拓展产品覆盖范围，满足个性化、定制化、差异化和碎片化的产品需求，推动互联网保险产品的自我进化。例如，按使用天数定价的车辆保险、根据特殊事件或特殊时段投保的人身保险产品等。

提升保险服务体验。通过区块链可以建立保险应用场景，例如，医疗保险理赔、车险理赔等，客户仅交纳个人自费部分即可，理赔由相关机构自动与保险公司结算。这种方式可以最大限度地改善保险服务体验，而且基于共识机制的智能合约是通俗易懂的条款，同时区块链对实时承保、自动化理赔和自助保全方面提供了技术支持，为客户提供了全新的体验。

贵阳布局发展区块链金融的部分主要应用场景

根据贵阳市委、市政府的总体规划以及市领导的指示精神，贵阳市在发展可用于区块链技术试验场景的基础上，从经济社会发展的痛点出发，通过政府对顶层架构的把握和设计，整合优势资源，探索了区块链在政用、民用、商用等领域的多个应用场景。自实施以来，涌现出对数字资产区块链交易所、区块链促进证券市场发展、区块链技术搭建下一代网贷信息、区块链技术构建社会化大数据、区块链技术驱动保险创新等多个全新应用场景的实际探索与过程思考。

区块链在互联网金融监管中的应用。互联网金融的监管是一个综合的过程，需要多维度的数据和多方面的配合。通过“绳网”连接，与其他区块链进行共享，充分利用区块链网中的数据和信息，探索建立一种以自律监管为核心的监管体制，解决互联网金融跨界经营与分业监管矛盾导致的监管套利，降低互联金融监管成本和被监管者的合规成本，营造良好的金融信用环境，推动互联网金融在贵阳合规、快速地发展，为真正实现普惠金融奠定基础。

区块链在票据交易中的应用。基于主权区块链技术，运用区块链共识管理机制，围绕场外票据交易业务，搭建适用于中国票据交易市场的在线票据区块链融资平台，连接企业客户、银行、投资方、监管方，提升票据市场交易的安全性和可追溯性，降低交易成本，提高风险管控能力和监管能力，实现传统票据市场向数字票据市场的跨越式发展。

区块链在数据交易中的应用。采用区块链的“智能合约”技术，运用共识算法和程序建立信任机制，确保合约条款的精准性及执行的自动化，减少违约风险。运用区块链的双方认证机制，通过加解密处理和交易，为数据资产交易有迹可循提供具有法律约束力的信用保障，便于监管审查。

区块链在数据资产投资中的应用。通过应用区块链技术，形成数据资产登记、保全、评估、投资四大链条，在前端将数据拥有方的沉淀数据转变为数据金融资产，在后端为数据使用方提供“量体裁衣”的数据金融服务，依靠多种渠道和多维角度，打造一套完整的涵盖投资、融资、管理和退出各环节的数据资产投资服务链，推进数据资产投资在 2B（面向企业用户）端至 2C（面向个人用户）端的全面开放。

区块链在消费积分交易中的应用。尝试灵活运用主权区块链技术原理，将消费积分产生及交易的系统打造成包含底层通用的基础模块、中间层区块链的核心模块和应用层交互模块在内的三大层级消费积分区块链交易体系，推进消费者和投资者有机结合，推动生产行业向消费者定制的供给侧变革，带来电商革命性的新飞跃，打造新一代大数据消费电商平台。

区块链在数字资产交易市场中的应用。通过借鉴国内相对成熟的要素交易市场的构建理论及实践，结合区块链技术的数据账本构建体系，渐进式构建基于主权区块链平台的数字资产交易市场，包含数字资产发行、接入、交易和兑换，以及区块链浏览器、区块链数字钱包、区块链标准接口服务等在内的数字资产交易活动，推进实现全球区块链数字资产的流通和交易，打造全球数字资产区块链交易市场。

第二节 “银行区块链”场景应用

贵阳银行作为地方法人金融机构，积极响应《贵阳区块链发展和应用》白皮书中提到的区块链技术在三大领域、十二个场景的运用，聚焦票据、供应链金融场景，先试先行，积极探索区块链技术在票据、供应链金融领域的实际运用，在科技金融上不断创新。

目前，贵阳银行已正式上线区块链“票链”和“爽融链”两个产品，通过在金融产品和服务模式上的不断创新，利用区块链技术为中小微企业融资难、融资贵问题提供切实可行的新型解决方案。

区块链“票链”

技术应用主体：贵阳银行股份有限公司。

技术实施主体：贵阳永安互联网金融投资服务有限公司（以下简称“贵阳永安”）。

贵阳永安重点研究方向包括区块链技术在票据、供应链、征信等领域的金融创新应用。公司自成立以来，积极推动金融行业创新，已与数十家有代表性的金融机构达成票链平台合作意向，成为国内区块链金融创新的领先机构之一。

区块链“票链”。贵阳银行与贵阳永安共同研究、开发，于2017年7月在贵州地区正式推出区块链“票链”产品，为贵州地区中小微企业提供票据融资业务。截至2018年4月，贵阳银行利用该产品为中小微企业办理融资4178万元。

业务模式。“区块链票据融资平台”（以下简称“平台”）是由贵阳永安发起，贵阳银行作为节点参与，基于区块链技术和互联网搭建的在线票据业务平台，连接企业客户、城商行、农商行、通道机构、交易场所、投资人，通过平台运营方和各节点行共同制定的治理规则，运用区块链共识管理机制，服务于中小微客户的票据市场。

在线票据业务平台还可以帮助交易各方防范票据市场风险。一是不可篡改的特性确保交易数据的真实性，为平台交易管理、银行成员权利义务履行、银行联盟各项决策提供了真实有效的数据依据；二是去中心的分布式架构确保数据存储安全；三是可追溯的特性确保交易过程全透明，实现对逐笔交易的透明化监管，满足各类监管机构的管理要求；可追溯特性也使“票链”产品在运营过程中产生的金融资产可轻松实现穿透审验，在未来资产权益转让过程中确保底层资产的真实性。

受制于信贷规模、操作成本、风险控制等，中小银行在处理中小类银票时积极性并不高，而这部分票据又多由小微企业所持有，流转难、变现难，加大了小微企业资金积压，造成小微企业的流动资金更加短缺。而区块链“票链”通过区块链票据融资平台，链接小微企业和中小银行联盟，线上借助区块链技术不可篡改、全程可追溯的特点，确保融资票据的真实性，线下由联盟银行验票保管，严控操作风险，安全可靠，可为小微企业随时随地提供票据融资服务，解决“融资难”问题。

有利于解决中小微企业“融资贵”问题。目前，市场上的中小类银票融资主要有通过中介包装后到银行贴现和通过票据理财平台进行质押融资两种，不仅存在一定程度的合规性风险，而且需要支付较高的风险溢价，推高融资成本。区块链“票链”可从以下三方面有效降低小微企业票据融资成本，缓解“融资贵”问题：采取线上化的运营模式，使票据服务效率大幅提高，降低操作成本；票据资产由平台批量处理，提高流转效率，降低运营费用；借助区块链技术有效防范票据风险、系统风险，降低风险溢价。

区块链“票链”技术应用方案及技术水平

面对票据市场的现状和机会，贵阳银行积极支持并参与贵阳永安拟分批邀请约 30 家银行组成区块链银行联盟（以下简称“联盟”），基于区块链技术和互联网搭建一个在线票据融资平台（以下简称“票链平台”），连接企业客户、中小城商银行、农商银行、交易场所、投资人，运用区块链技术建立一个互联网服务平台，并通过网站、微信公众号、呼叫中心等在线形式为客户提供随时随地的业务受理和咨询服务。

区块链“票链”应用案例成果领先性

国内区块链行业与国外先进的底层技术研究相比，更偏重于应用产品的研究和商业推广，涌现了一大批金融领域的区块链应用产品。“票链”项目与当前国内领先的其他区块链金融应用项目的技术维度对比分析见表6.1。

表6.1 “票链”与国内同类项目的技术指标比较

项目主体及名称	浙商银行 移动数字汇票	邮储银行 资产托管系统	微众银行 联合贷款及对账	贵阳永安 “票链”
整体技术水平	国内领先	国际领先	国内领先	国内领先
身份认证	一般账户	数字证书	数字证书	一般账户
共识算法	RBFT	PBFT	PBFT RAFT	POW PBFT
智能合约	EVM 环境	容器环境	EVM 环境	EVM 环境
开发调试工具	基本完备	基本完备	基本完备	基本完备
吞吐量	最高700tps （每秒事务处理量）	百级 tps	百级 tps	百级 tps
出块时间	最快2秒	最快2秒	最快2秒	2~5秒
区块链浏览器	支持	支持	支持	支持
主要加密算法	ECSDA SHASM 国标系列	ECSDA SHA	RSA ECSDA SHA	ECSDA SHA3

票据进入平台，遵循业务流程进行一系列流转操作，并全部经区块链账本记录，可追溯、无法篡改。各家节点银行受联盟公约的约束开展业务，同时企业客户、非节点银行、交易中心、通道机构等外部机构也在业务链条中承担着重要角色。“票链”平台在整个交易过程中提供IT技术支持、运营管理支持，以及各项客户服务支撑。“票链”平台整体如图6.1所示。

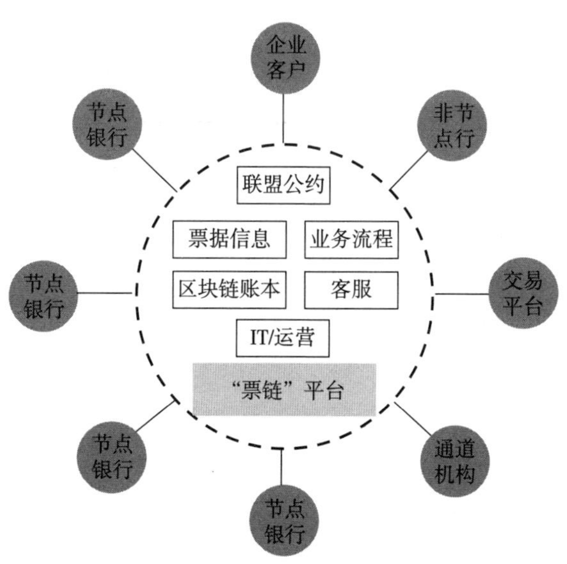

图 6.1　“票链”平台整体

注：节点银行指与平台签署了《票链平台合作协议》，在平台票据质押融资业务中担任票据服务角色的银行。

区块链技术应用。“票链”产品构建在区块链底层技术之上，使所有交易信息不可篡改、可追溯，诚信度、透明度高。

互联网服务模式。“票链”产品采用互联网的服务方式，大部分流程实现线上处理，在降低成本的同时可有效实现对中小微企业客户的服务覆盖。

安全合规。“票链”产品涉及的银票全部由票据服务银行按照符合监管要求的标准流程进行验票保管；“票链”产品业务流程中各阶段资金的划转、管理均在托管银行、证券公司等持牌金融机构进行，确保安全；贵阳永安作为“票链”产品的平台运营方，在全流程中不接触票据、不接触资金，严格遵循第三方金融科技服务商的定位，确保全流程满足金融审慎监管的要求。

“爽融链”

技术应用主体：贵阳银行。

技术实施主体为布比（贵阳）区块链技术有限公司，该公司成立于2017年4月，是布比（北京）网络技术有限公司在贵阳设立的具有独立法人资质的全资子公司。目前，布比拥有完全自主研发、具有自主知识产权的区块链底层平台，以及40项相关的软件著作权登记和发明专利。

“爽融链”技术架构及特点

贵阳银行经与布比（贵阳）区块链技术有限公司研究、开发，于2017年9月正式上线“爽融链”产品，解决供应链上各层级中小微企业融资难题。截至2018年4月，该行共办理“爽融链”业务28笔，业务余额13537.5万元，中小微客户占比96.3%。“爽融链”技术架构如图6.2所示。

业务模式。供应链上的核心企业通过该行以区块链技术搭建的“爽融链”平台签发爽信凭证，将应付账款转化为电子化的支付结算工具和融资工具，供应链上的中小微企业可将其持有的爽信凭证进行拆分、转让、融资或持有。该产品通过爽信凭证的拆分流转，将核心企业优质信用在供应链上进行传递，从而实现覆盖供应链上游、核心、下游的全链条供应链金融服务。

此外，供应链的参与者，如买方、卖方、银行、物流公司、保理公司等均可接入“爽融链”平台，可部署服务器作为平台“节点”，也可仅作为会员登录使用平台。

“爽融链”着力于解决中小微企业“融资难”的问题。中小微

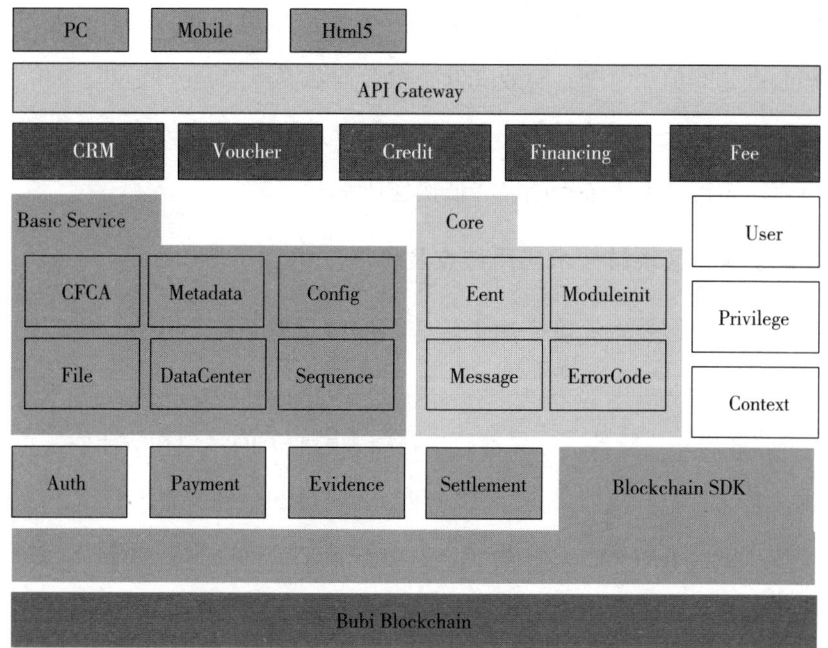

图 6.2　“爽融链”技术架构

企业在融资市场中往往处于劣势地位，融资渠道极少，核心企业的账期拖欠又进一步加速了中小微企业现金流紧张、断裂。而“爽融链”产品借助区块链技术，释放和传递核心企业信用，进而为供应链上的供应商，包括二级以下层级的小微企业带来融资的可行性及便利性，减少资金占压，解决“融资难”问题。该产品着力于解决小微企业“融资贵”的问题。

金融机构基于外部监管以及自身风险管理、成本控制的要求，往往无法为小微企业提供长期、低成本的金融服务，小微企业只能从网贷平台、小贷公司乃至民间渠道获取资金进行周转，不仅存在一定的合规风险，还需要支付较高的风险溢价，提高了融资成本。而“爽融链”产品可从以下三个方面有效降低小微企业的融资成本，缓解“融资贵”问题：借助区块链技术解决信息不对称难题，通过核心企业的信用背书，有效降低小微企业融资风险，降低风险溢价；借助区块链技术减少确权、对账成本；批量化的获客模式，使业务审查、审批效率大幅提高，降低操作成本。

“爽融链”区块链技术应用特点及价值

将区块链技术深度应用于传统供应链金融系统。首先，实现传统实名体系及证书体系与区块链账户的结合，既满足金融行业 KYC（了解客户）监管要求，又能解决在线金融业务的合规和法律效率诉求。其次，将应收账款数字化，并与区块链的分布式账户结合，实现债权资产高效率的合法登记、拆分和流转，同时保证数据流转过程中的真实可信。最后，深度应用智能合约，将债权资产流动锚定资金流动，确保金融业务的风险可控。

在技术层面实现金融业务的微服务化。从底层区块链层到“爽融链”平台业务层，各功能模块全部实现微服务化，即采用“基础框架+应用模块”的积木式系统构建方案，既支撑多语言、跨系统、跨网络的灵活部署，又能满足业务横向弹性扩容的需求。

创造性搭建 N2N（新型电商模式）系统框架，全面支持业务创新。利用区块链的技术特性，实现底层数据的 N 份拷贝，既能降低传统单一机构实现多机热备的成本，又能大幅降低单一金融机构数据内控的成本，并辅以完善的权限设置及隐私保护措施，确保数据安全，在此基础上，上层 N 个业务系统可独立或协同展业，利用区块链自动账本同步、网络化记账的模式，既能够满足各个机构在本系统展业、本地化服务的业务需求，又能够满足各机构之间搭建基础资产、金融资产双轮驱动价值网络的业务未来规划。

第三节　“消费积分与太阳能区块链”场景应用

区块链是一个公开的、透明的分布式账本，在不存在作为中心的硬件或管理机构、不需要任何第三方介入的情况下，使用共识算法来记录和校验所有交易记录，用数据区块取代了目前互联网对中心服务器的依赖，使所有数据变更或者交易项目都记录在云系统之上，实现共建共享。没有中心，同时每个节点又是中心，即每个参与者成为自己的中心，实现点对点。

主权区块链消费积分技术的主要层级为底层+中间层+应用层。以下是井通科技和贵人大数据区块链产业发展有限公司（以下简称“贵人大数据公司”）在消费积分应用场景中的案例及应用探索。

技术开发主体

井通科技在 2011 年由硅谷华人科学家组建，并于 2014 年正式推出可支持商业应用的底层技术平台。

公司核心人员由国内顶尖的区块链技术人员以及金融、电信、安全、大数据领域行业专家组成。

区块链应用案例

贵人链是井通科技为贵人大数据公司在探索实践如何用区块链技术为名牌白酒实体行业服务、解决溯源、普惠、价值分享等普遍痛点的过程中构建起来的。贵人链以名牌产品可溯源物联网、消费者大数据定制、供应链金融为区块链应用基础，并通过生产商上链、供销商上链、消费商上链，运用分布式区块链技术构建了一个可信任的供给侧商业新生态，从而服务其运用区块链金融创造品牌的目标。贵人链供应链系统架构见图 6.3。

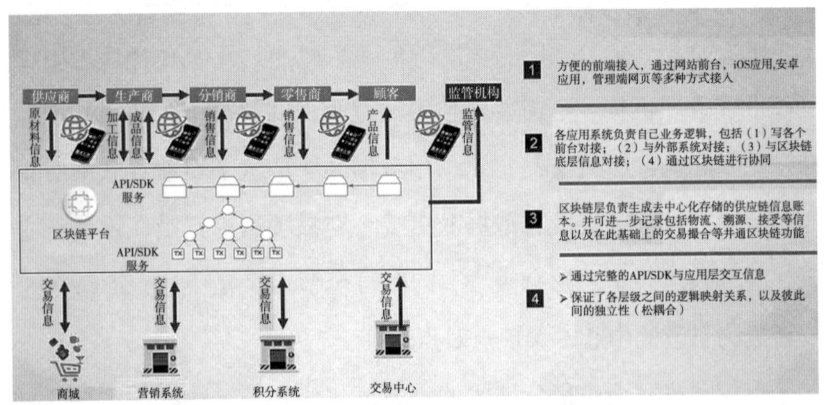

图 6.3　贵人链供应链系统架构

贵人大数据公司 2017 年在贵阳市成立。作为一个区块链电商平台，它携手井通科技，积极探索发展以电子商务消费积分为核心业务的区块链应用及开发。贵人链的设计，独创性地运用区块链技术及区块链体系建成一个价值互联网，使物流、信息流和资金流在一个可信任的互联网系统内高效运行。当前，贵人链已设计完成，并由区块链技术开发商井通科技启动了区块链系统线上搭建。贵人链技术架构见图 6.4。

通过在链上销售产品，还会产生数量众多的消费者节点（家庭酒窖节点），与生产商和物流环节的溯源保真节点一起，构成了一个节点数庞大的消费大数据区块链价值电商平台。贵人链电商平台主要合作销售的有茅台集团天朝上品贵人酒、盘江集团遵义红红茶等贵州生态名牌产品。不久前，贵人链通过节点共识投票，把“三年采购一亿元贵州扶贫农产品用于部分积分兑换”纳入贵州消费扶贫

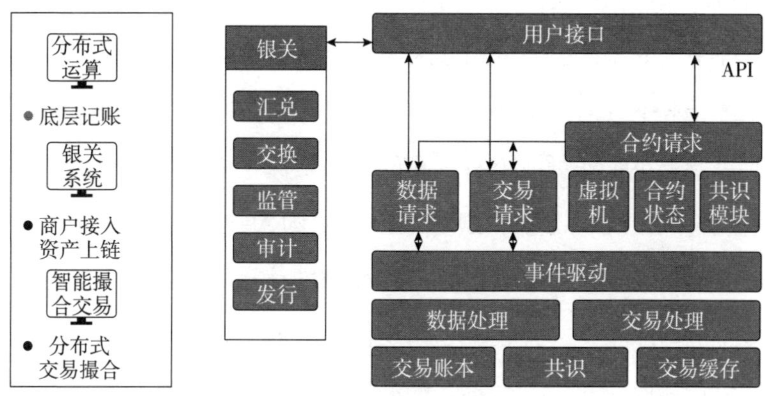

图 6.4　贵人链技术架构

三年行动，受到了全链中大部分市酒窖节点和大部分家庭酒窖节点代表的欢迎和支持，第一批积分兑换的扶贫农产品包括贵州十个深度贫困地区的近百种农产品。贵人链正在努力实践贵州融合运用“大数据、大生态、大扶贫”三大战略服务实体经济，探索通过销售“大生态名品”（如茅台集团酒、遵义红红茶）等，用区块链账本和钱包登记确权“大数据消费积分”，并根据智能合约的释放进度和消费共识，赠送现金采购来的小品种生态“大扶贫农产品”等，并通过对消费者节点的消费偏好进行供给侧大数据人工智能分析，结合生产链和物流链上的产品生态溯源保真，培养消费者进行订单农业消费，进而努力把部分小品种生态扶贫农产品培养成生态大品牌、大品种，畅销全国市场。贵人链的目标是努力应用区块链账本实现消费积分确权登记和释放兑换实物，保障消费者的消费投资权益，从而通过激活庞大的消费积分大数据市场，来促进大生态产品零售，带动更多的小生态扶贫产品“黔货出山”。贵人大数据公司同时希望通过消费积分区块链的应用，其自身能够成长为新一代的大数据区块链价值电商的代表性平台。

在不远的将来，消费积分区块链电商这种价位电商平台，可能使知名企业下一财年即将出厂的商品，在大数据区块链电商系统上仅仅需要半小时就可能被有链籍的众多资深消费商节点订走。而供销商也将从传统的物流“搬运工”转变为大数据流的AI（人工智能）分析商、资金流供应链管理商和品牌信息流的推广商。这将改变传统的商品生产、分销、零售及传统电商模式，实现运用区块链建立供给侧商业系统的目标，帮助更多的扶贫小品种产品成长为订单产品，帮助更多的大生态产品崛起为大国品牌，帮助唤醒和管理那个巨大的消费积分大数据世界，寻找、发现并守护数字世界的现实价值，从而从消费领域走进那个将改变我们商业、产业和金融世界的价值互联网电商新时代。

“太阳能区块链”场景应用尝试

区块链金融协会及新能源区块链实验室所推动的“太阳能区块链”，是基于区块链技术打造的太阳能分布式发电智能数字服务生态平台。响应中国光伏扶贫政策，推动环保事业发展，共筑绿色“中国梦”。以中国光伏事业为基点，辐射全球，打造一个普惠于民的分布式太阳能发电公链生态。

“太阳能区块链”以区块链数字生态平台和太阳能社区为落地应用，依托区块链技术，在产业协同的基础上，打造集智能电站管理、供应链管理和金融服务、分布式社交网络平台，通过太阳能发电数据上链、数字资产上链、个人和企业身份上链，打造下一代社交网络，激励用户在平台上做出贡献，积极参与活动，从而达到推动太阳能光伏产业健康发展的目的。太阳能公链系统见图6.5。

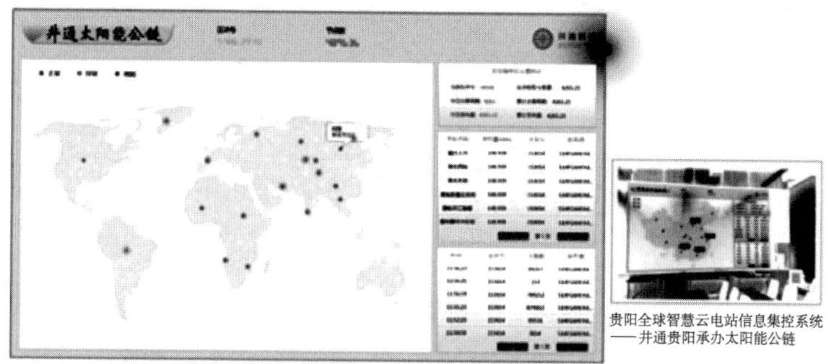

图 6.5　太阳能公链系统

“太阳能区块链”将发行基于区块链的奖励积分，旨在通过向太阳能发电户发放数字资产来激励太阳能发电，太阳能发电商每发电一兆瓦即可能获得 1 太阳能积分的奖励。通过太阳能积分，能够利用区块链技术为可再生能源发电增加价值。

太阳能积分使用区块链技术来维护开源分类账户系统，与其他加密货币所使用的方法相比，其能源密集度要低得多。随着太阳能积分价格的上涨，更多的用户同意接受太阳能积分，这样可以为太阳能发电户带来额外收益，从而激励太阳能投资者安装更多的发电能力。

未来，将打造 P2P 电力交易系统，使发电户可以将剩余电能直接卖给其他住户，也可高价出售给电力公司。这样一来，电能的生产者获得了更大的收益，电能的消费者也获得了更低的用电成本，可谓两全其美。利用区块链技术，在电能产生之初就确定电能的所有者，紧接着通过一系列的交易协议完成电能所有者和消费者之间的交易。这个机制不会增加额外的成本，这使更低的用电成本成为可能。就是把电力公司这个中介从交易流程中剔除了，从而实现了既帮电能生产者赚钱又给电能消费者省钱的双赢局面。

太阳能区块链在现有的多个成熟区块链技术基础上，采用分层技术隔离多个层次上的技术和业务逻辑，加上智能合约处理多方之间的复杂商业模型，在大范围内实现数据共享、资产互联、信息交换，并充分利用区块链技术的优点来实现数据的多地备份、资产的加密认证、可信互换等，处于国际领先水平。太阳能公链由井通公司开发，目前还在测试当中，设想在不久的时间内，可以通过和永恒太阳能等拥有众多分布式光伏发电站和领先的物联网传感技术应用的大阳能企业合作，展开实际场景的应用测试，解决分布式太阳能投资长、回收慢的行业痛点，并最终希望可以与汉能这样的新能源巨头合作，用数字世界的方式，激励全球清洁能源和绿色能源的生产者、消费者和投资者。我们认为：分布式能源与分布式账本在数字世界和现实世界的相遇及合作，将可能产生一个在大数据区块新能源链领域的大机会。

第四节 “数据交易区块链”场景应用

基于区块链的数据资产交易过程中数据共识可信、安全、合规性及风险、数据资产管理多维度的特性，在交付过程中采用“去中心化的交易方式”来解决数据留存或泄露问题。通过密码学、分布式的方式构建端到端的对等网络，节点之间数据交换通过数字签名进行验证，在数据交付过程中，由采购方直接向服务方发起请求，服务方反馈给采购方唯一秘钥（即 Hash 值），结算的工作由供需双方同时完成，交付完成后将双方认可的计费结果上传至交易中心/平台，即仅仅将数据的描述文件通过交易中心进行披露。整个交易过程中，交易中心避免了参与数据交付过程，也避免了数据的留存。

技术开发主体

贵阳大数据交易所立足国家大数据（贵州）综合试验区，先行先试，不断完善数据交易体系。贵阳大数据交易所是一个面向全国提供数据交易服务的创新型交易场所，遵循“开放、规范、安全、可控”的原则，采用“政府指导、社会参与、市场化运作”的模式，旨在促进数据流通，规范数据交易行为，维护数据交易市场秩序，保护数据交易各方合法权益，向社会提供完整的数据交易、结算、交付、安全保障、数据资产管理和融资等综合配套服务。

区块链技术原理

共识机制是指数据资产交易区块链网络各节点对系统中进行交易状态的验证、记录、修改等行为达成一致确认的方法。在交易系统中，根据不同的交易业务需求和场景，选择不同的适用共识算法来实现共识机制。

共识机制支持多个节点参与共识和确认；支持独立节点对区块链网络提交的相关信息进行有效性验证；防止任何独立的共识节点未经其他共识节点确认而在区块链系统中进行信息记录或修改；具备一定的容错性，包括节点物理或网络故障的非恶意错误，节点遭受非法控制的恶意错误，以及节点产生不确定行为的不可控错误。

应用分布式账本的方式针对全部数据交易记账，通过时间戳与哈希算法对数据资产确权。账单要由分布在不同地方的多个节点共同完成，每个节点都记录完整账目，全部参与监督交易合法性，同时共同为各节点提供佐证。账本结构如图 6.6 所示。

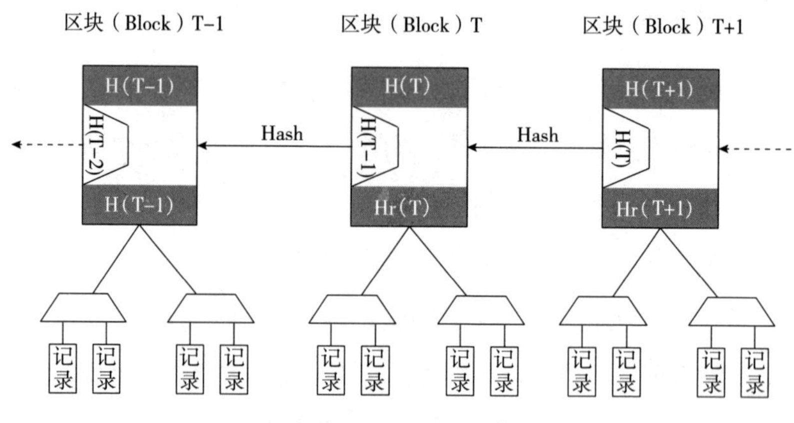

图 6.6　账本结构示意图

智能合约在数据交易过程中，基于可信的不可篡改的数据交易信息，能在区块链上部署可自动运行的程序（智能合约），其范围包括编程语言、编译器、虚拟机、时间、容错机制等。

一是把虚拟机作为运行环境。虚拟机需沙箱封装或完全隔离，运行在虚拟机内部的代码不能接触到网络、文件系统或者其他进程。智能合约之间也只能进行有限的调用。

二是构建充分的容错机制，通过系统化的手段，结合运行环境隔离，确保合约在有限时间内按预期执行。可提供如自动化付款转账交易、自动化的数据服务启停控制等功能。

加密信息黑盒子（加密算法）。基于区块链的数据资产交易是构成区块的基本单位，一个区块链交易可以是一次订单，也可以是智能合约的部署等其他事务。实际有效内容包括：用户地址哈希值、数据资产信息、合约（价格和协议）、数据资产用途、订单 ID（身份标识号）、订单时间、合约时间、用户账户明细。区块链不直接保存原始数据和交易记录，而是保存其哈希函数值。大的数据要存放在链外存储中，账本存储组件提供链外数据的持久化能力，每个链外文档的哈希值保存在链上，从而保证链外数据的完整性。交易记录上链结构示意图见图 6.7，技术路线见图 6.8。

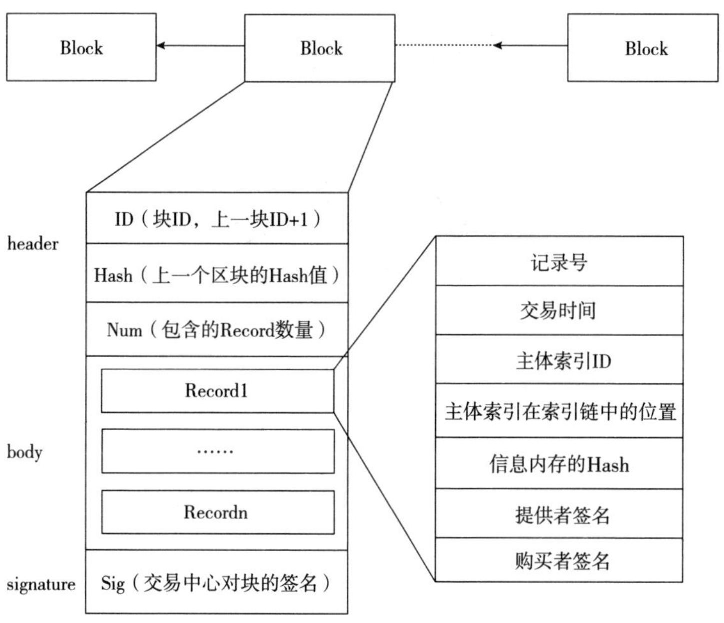

图 6.7　交易记录上链结构示意图

个人交易信息黑盒子采用 SHA-256 加密，加密后密文存储，防止数据泄露丢失。SHA-256 算法使用了一组 6 个逻辑函数及一组常数 KT，采用 512 比特的消息块，每一个消息块 Xi 分成 16 个 32 比特的字 M0，M1……M15。

交易链的生成。交易平台将每天平台产生的交易记录汇总后形成交易块，并与以前的交易记录形成链式结构（如图 6.9 所示）。

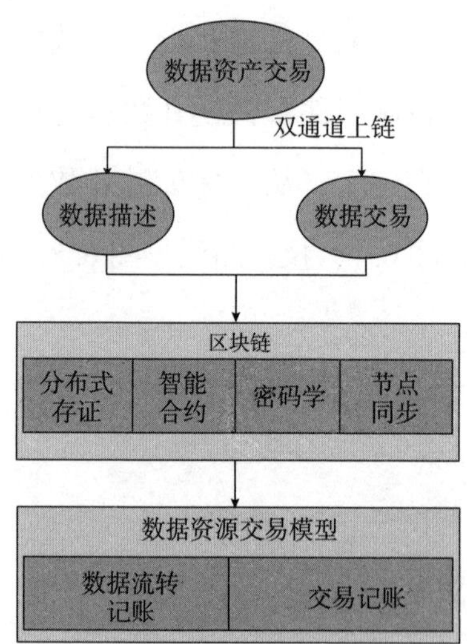

图 6.8　技术路线图

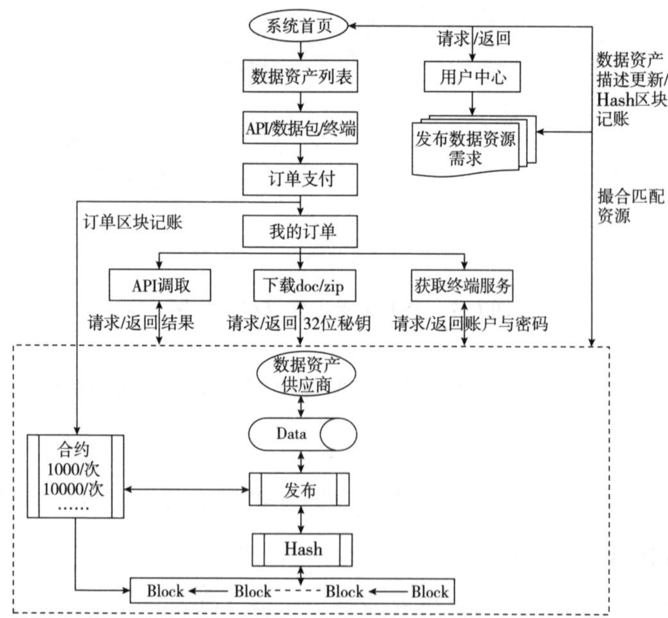

图 6.9　交易流程图

区块链技术性能

快速交易验证。通过对签名算法、账本结构、数据操作、序列化、共识机制、消息扩散等关键环节的优化，实现快速交易验证。

海量数据存储。区块链复式记账的模式，在系统长时间运行下，历史数据不断累积；借鉴传统金融系统中冷热数据分离存储、分表存储的机制，实现海量数据的有效存储。旧的交易数据、非活跃的资产数据等信息可以使用大数据存储平台进行存储（如 Hadoop，满足 PB 级别的数据存储）。

高吞吐量。区块链的本质是一种分布式共享记账的技术，其分布式特征主要体现在分布式一致性而非分布式并发处理。为保证数据的一致性，防止“拜占庭将军”问题，某些特定环节只能串行执行，而无法并行。

数据资产交易区块链研发成果

贵阳大数据交易所推出国内首个数据星河大数据区块链交易平台，其数据星河大数据资产交易平台基于区块链的数据资产交易整体，采用了联盟链的结构，只对特定的组织团体开放。节点加入需要申请和身份验证，签订协议才可进行；采用基于协议的共识机制，由预设的某些节点进行记账、建立区块，实现分布式账本，全网所有节点都可以参与交易，并查看所有账本，建立一个可以在多节点间、多机构间、不同区域间进行资产共享的分布式账本。同时通过共识建立可信任的数据资产交易环境，解除数据被任意复制的威胁，保障数据拥有者的合法权益。

第五节 “信用电商区块链”场景应用

区块链技术在网络贷款及消费分期场景中的应用，是资产端的一项革命性创新。区块链具有去中心化、共识机制、高度透明、信息不可篡改等特性，为信用电商和消费分期带来以下应用价值：降低成本和复杂性、共享互信的交易、减少失误、灵活配置、保密安全可审计。

技术开发主体

中天普惠平台是中天城投成员企业贵州合石电子商务有限公司全力打造的信用电商平台。

平台依托贵州大生态、大数据和大扶贫的政策优势，围绕智慧社区、消费金融和供应链金融、扶贫金融和绿色金融等新业态，通过大数据、人工智能和区块链等科技金融技术的创新应用，整合贵州本地特色资源，并结合集团的产业资源优势，建设成为一家具备区域优势的特色信用电商平台。平台是基于线下线上全场景融合的 C2B2B（消费者—电子商务企业—生产商）平台，能够形成消费金融和供应链金融闭环的金融生态链，提供“一站式”的综合性普惠金融服务。

基于区块链技术的信用电商案例成果

中天普惠平台拥有独立的技术研发团队，对区块链的技术路线及应用模式进行了研发创新，并成功运用于信用电商平台的各项应用场景中，对数据重新整理排列和加密，构建一个可靠的信用电商生态，通过不可篡改的分布式储存、密码学原理和共识机制建立起越来越多的用户信任。

互联网全域支持。根据消费者的行为轨迹，开发包括但不限于个人电脑端、应用软件（App）端、H5 端、微信小程序等各种网络及移动互联技术的应用，方便用户在线申请和购买，用户可以足不出户获得生产资料和消费产品。用户可以通过平台官方网站和移动端入口，远程渠道在有网络的任何地方都可完成操作；还可通过移动网络直销平台和其他电商渠道的对接，让用户通过应用软件自助快速申请、快速审批、快速支付和商品最快送达用户（见图 6.10）。

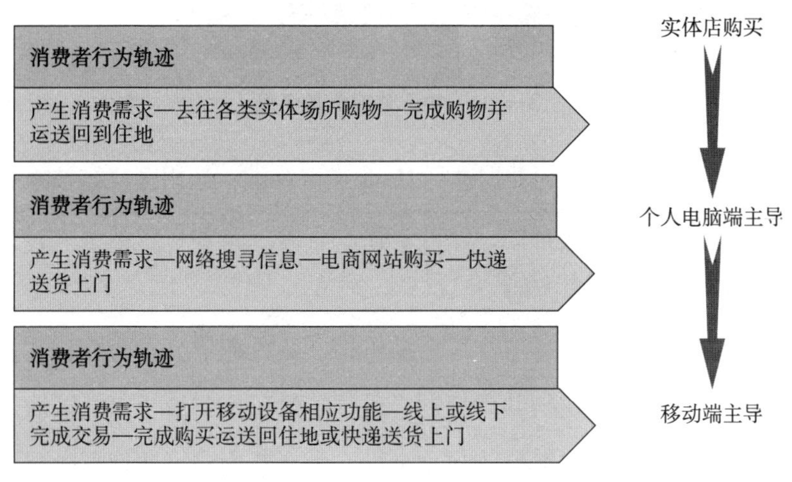

图 6.10　消费者行为轨迹

信用电商模式。以互联网及移动互联网技术作为基础平台，通过区块链和大数据技术的应用，通过 O2O（线上到线下）、电商等业务线，依托丰富的社区及渠道消费场景，逐步建立起环绕生产、流通和消费全场景的信用消费电子商务模式（见图 6.11）。

区块链存证。以社区业主为主要服务对象，通过区块链技术建立起数字存证电子档案，独立区块链加密存放在第三方云平台或政府私有数据中心，保证用户个人信息及所有交易信息的独立性、私

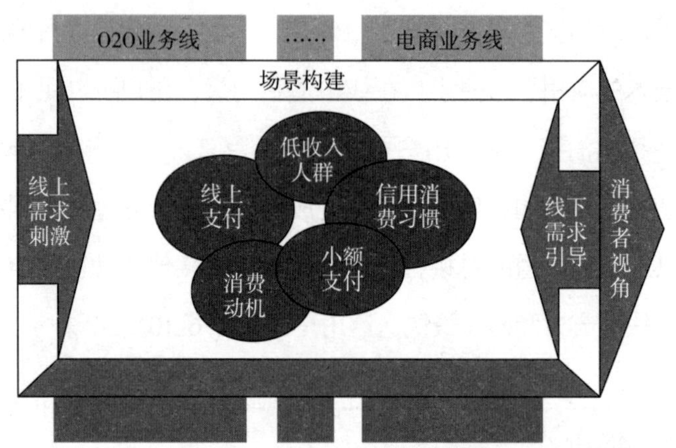

图 6.11　中天普惠业务视图

密性和公信力。所有的数据进行 Hash 加密存证，运用区块链技术去中心化、不可改变的特性，保证了在没有第三方参与的情况下，交易是唯一的、不可篡改的。

批量预授信。平台与持牌金融机构、各大征信公司合作，建立大数据征信建模区块链共识机制，通过批量预授信给予以社区业主为主的客户群体一定额度的信用消费额度，在用户需要使用时可以及时获得相应的金融服务支持，快速满足消费需求（见图 6.12）。

分期消费。中天普惠平台的预授信用户，可以用信用额度进行分期支付购买平台各种产品和服务。根据用户在平台上的消费能力及信用表现，进行综合性的大数据建模分析，进行用户风险定价，分级差异化管理。为优质客户提供免息或低息消费服务，培养用户守信习惯，服务用户消费升级需求，依托信用增长扩大再消费（见图 6.13）。

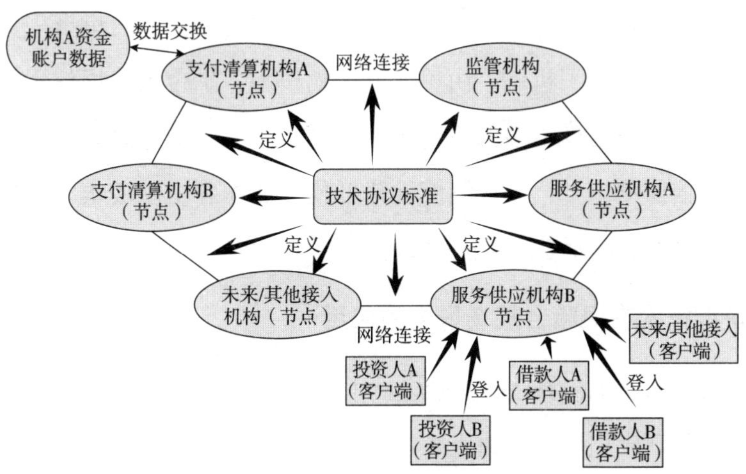

图 6.12　区块链服务结构简图

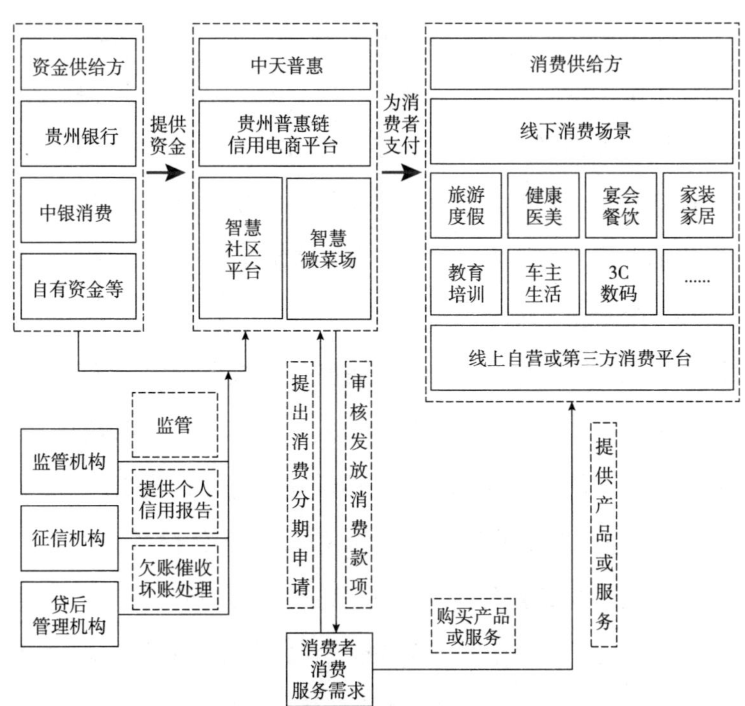

图 6.13　中天普惠业务运行模式

普惠免息或低息分期。资金由金融机构提供，授信审批采用区块链信用建模共识机制。由第三方征信模型、平台大数据信用模型和金融机构征信模型多方建立区块链共识机制，通过共识机制共同完成授信额度审批，最大限度地降低使用成本和资金成本，达到为用户提供低成本消费服务的目的。

区块链技术在风险合规场景中的应用

公开密钥加密算法身份验证技术的应用，可有效防范欺诈风险。在身份验证应用层面，由于合规要求，客户身份认证一直是金融等互联网机构无法逾越的障碍。过去亲面亲签的认证方式既让客户体验度降低，又提高了互联网机构的人力物力成本。公司通过采用基于公开密钥加密算法的数字签名技术解决了这一关键问题，目前已普遍应用于电子合同签章场景中。同时，配套利用基于生物学特征的身份识别技术如指纹、人脸识别、声音识别等对客户进行身份验证、特征筛选，以此提高反套现、反欺诈和反作弊的准确度。基于公开密钥加密算法身份验证技术，有效核实客户申请行为的真实性，防范合规风险、欺诈风险。

区块链数字存证技术的应用，可有效解决电子合同第三方存管问题。基于区块链数字存证技术，有效解决电子合同档案第三方存管问题，为建立互联网仲裁、线上诉讼等快速处置机制，提供了资产保全全流程证据链，提高信用违约成本，防范法律风险。

在法律取证应用层面，如何对网络交易行为的真实性、客观性进行证实，一直是困扰互联网机构的痛点。平台通过区块链技术建立起数字存证电子档案，将客户从注册、登录、申请、签约、支付等交易的全流程，按照“一户一档”的方式，加密存放在第三方云平台或政府私有数据中心，通过私有链的形式，将仲裁机构、法院等一起纳入区块链节点中，保证信息的客观性、独立性和公信力，使信息公开透明地传递给所有链条参与者，共享共证，解决数据孤岛问题。

基于区块链开放共享机制，主动解决金融实时监管问题。在数据报送应用层面，平台通过区块链技术，积极实现交易数据及客户信息的分布式存放，通过API接口接入金融机构监管云平台，根据监管部门的需要，可设置监控规则，按不同策略对平台交易情况进行实时、真实、无篡改监控，确保业务交易和运营的合规合法性，实现监管效果提升及普惠金融合意发展的双重目标。

基于区块链私钥技术防范数据泄露问题，提高信息安全保障能力。在信息安全应用层面，由于区块链数据库是一个去中心化的数据库，任何节点对数据的操作都会被其他节点发现，这加强了对数据泄露的监控。同时，区块链中节点的关键身份信息以私钥形式存在，用于交易过程中的签名确认。私钥只有信息拥有者才知道，就算其他信息被泄露出去，只要私钥没有泄露，这些被泄露的信息就无法与节点身份进行匹配，从而失去利用价值。

对于来自数据库外部的攻击，黑客必须掌握50%以上的算力才能攻破区块链，节点数量越多，所需的算力也就越大，当节点数达到一定规模时，进行一次这样的攻击所花费的成本是巨大的。因此，通过区块链对信息存储进行加密，保证数据安全，防范大数据风控中可能出现的数据泄露问题，是区块链的重要应用之一，也是平台规范内部数据管理、确保信息安全的重要手段。

利用区块链技术为信用电商行业带来的应用价值，中天普惠为广大客户提供了先消费、后付款的分期消费服务，解决了老百姓在许多消费场景中遇到的消费门槛高、付款方式过于单一等问题。2018年，中天普惠平台将授信15万人次以上，信用消费分期金额超过1.6亿元。

第六节 “便捷支付区块链”场景应用

贵阳以大数据为引领，在全国首创便捷支付工程，这是其加快打造创新型中心城市的一项重要举措。便捷支付秉承了大数据金融理念，在为市民提供安全、便捷、精准的移动普惠金融服务的同时，还沉淀了支付、市政、交通、医疗、人社、便民缴费等海量公共数据、块数据——金融大数据。贵阳移动金融发展有限公司通过应用区块链技术、云计算、互联网技术处理和分析这些数据，实现数据的“聚通用”，能够更好地服务实体经济，实现实体经济和普惠金融良性循环、健康发展，推动贵阳新型智慧城市和信用城市建设。

便捷支付区块链应用源起

《国务院关于促进信息消费扩大内需的若干意见》(国发〔2013〕32号）提出“加快推进电子商务示范城市建设”“建设移动金融安全可信公共服务平台”和“大力发展移动支付”。

贵阳市开展移动电子商务金融科技服务创新试点工作的目标是“构建贵阳市移动电子商务可信交易环境，探索创新符合电子商务企业和消费者多元化需求的移动金融服务，切实提升移动电子商务应用的安全性和便捷度，通过试点为完善移动金融相关标准和政策提供案例，推动移动金融朝着标准规范、安全便捷、应用融合、多卡合一的方向发展，为移动电子商务健康快速发展提供有效支撑，形成一批典型应用，创新一种商业模式，加快推进贵阳市电子商务和移动金融的发展”。试点主要内容包括：

组织建设符合相关法律和标准规范的贵州省省级TSM系统平台，并实现与央行MTPS（移动金融安全可信公共服务平台）的连接，发布管理本地移动电子商务和移动金融应用，为贵州省内移动电子商务提供密钥管理、基于区块链技术的身份认证、应用软件真伪鉴别、数据安全分发等可信服务。

支持相关企业开发基于TSM（可信服务管理平台）和安全移动终端的移动电子商务和移动金融应用，重点在手机信贷、信用服务、实名认证、在线支付、移动银行等领域。

贵州通应用软件经过为期7个月的研发和测试，于2016年10月8日正式发布上线。其以移动应用服务为入口，在互联网开放体系下重塑以“集成支付+电子身份+网络征信”（简称“移动信用三基色”）为基石的信用环境，以三基色演绎信用社会，最终将“贵州通”平台打造成一款具有本土化特色，本地居民人人爱用的“掌上智慧城市”“掌上信用公社”。

便捷支付区块链

贵阳市便捷支付工程基于贵阳市国家移动金融试点成果“贵州通TSM”安全可信的公共服务平台，以“两侧双通道、安全块数据”的顶层设计为统领，围绕便捷支付聚合公共数据，开发信用价值，用创新来助推以信用为核心的大数据产业。

便捷支付工程取得的阶段性成效。一是技术研发。贵州通集成收款系统，该系统在全国首创一码受理三大类移动支付（支付宝、微信等第三方支付，银联等手机银行支付，以及市民云卡等行业证卡支付）和“线下收银+线上促销+普惠金服”的特色优势。移动金融公司与北邮教育部重点分布式可信实验室专家团队达成一致，联合开发可信身份系统。二是应用推广，分别就公交、医疗、社保、ETC（不停车电子收费系统）、交管、旅游等应用场景进行了对接，研讨技术方案、开发市民云卡、实现 NFC（近距离无线通信系统）和二维码扫码乘车功能。

贵阳市便捷支付工程以大数据为引领，协助贵阳市打造公平、共享、创新型中心城市，推动互联网、大数据、区块链、人工智能和实体经济深度融合，加速公共服务均等化、商业智能大众化、信用画像全民化和金融服务普惠化四个信息惠民进程。图 6. 14 为贵阳市便捷支付系统规划图。

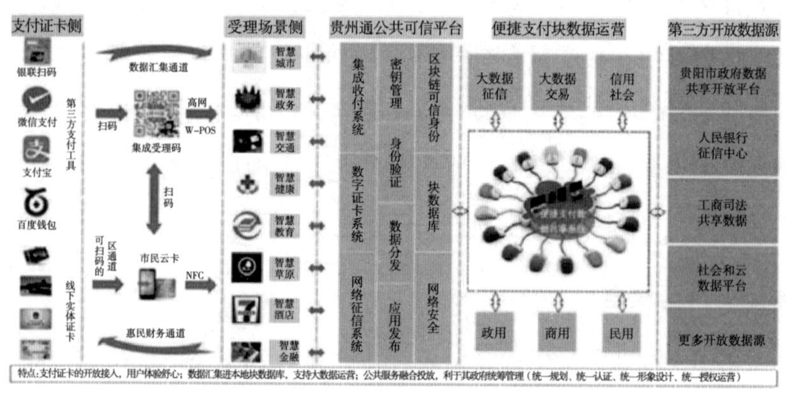

图 6. 14　贵阳市便捷支付系统规划

区块链技术在便捷支付中的应用

在所有的场景应用中，身份验证服务是核心部分之一。基于区块链技术的身份识别将会变得非常广泛，人们无须再通过各种复杂的手段来证明“我是谁，来自哪里”，也无须在政府机构间跑来跑去开各种证明。每个人都会拥有一个独一无二的镶入区块链可信身份服务平台上的身份信息，其中包括一些基本信息、生物信息等，还有一些需要特殊权限才能查阅的私密信息。在生活、工作和交易场景中，区块链可信身份服务平台只要获得当事人授权便可以查阅相关信息，以应用在很多强身份认证的应用场景，如交易、投融资、借贷、信用画像等。

区块链可信身份服务平台与人民银行征信中心、各种监管部门的共享数据库，以及将来各种政用、商用及民用链，共有链和私有链等对接，实现“区块链可信身份管理”。所谓“区块链可信身份”，指的不仅仅是“实名制”——就算一个与你打交道的网络对象身份证信息是真的，他的其他方面的信息，比如，是否有婚史和负债、联系方式是不是真的、他的实际职业与他自己宣称的职业是否吻合，都是“网络可信身份”这一概念所涵盖的。（相关示意图见图 6. 15。）

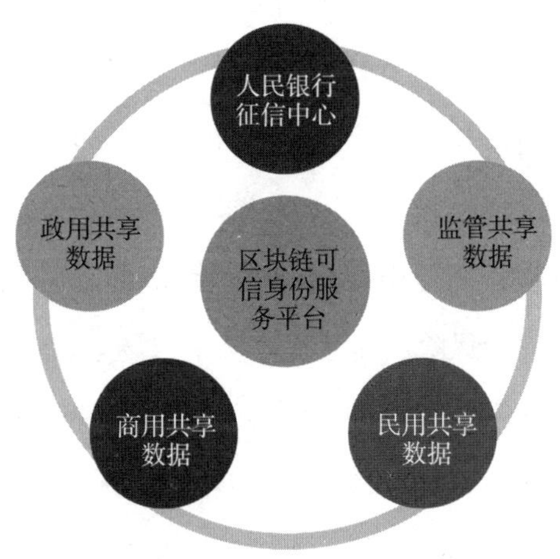

图 6. 15　区块链可信身份服务平台去中心数据示意图

区块链技术具有去中心化、不可篡改、建立信任共识的特点。可以试想，当人们每天的所作所为都会被大数据记录，被存储在区块链的一个个节点上，无法篡改、无法修饰，那么任何人都可以用区块链来描绘主体的信用画像，通过区块链的评分来确定主体是否可信。一旦这个体系建立起来，大量的中介将会失去存在价值，而信任一个人也变得不再复杂。因为要修改一个基于区块链的信用记录，将要修改世界上每个人的手机、电脑，甚至所有的智能设备，这将是一个不可想象的天文数字。

因此可以说，区块链带来了一个时代——一个真正信用的时代，未来的信用是靠全网的公正、每个人所有智能设备的记账来实现的，一旦真正完成了，万物将实现互联。信任他人，共享生活、“生命共同体”将真正从口号变为现实。

便捷支付公交云卡的行业清结算服务

区块链技术以准实时的方式自动建立信任，实现价值转移，将各种场景交易的资产转化为智能合约，完成点对点的实时交易、清算与结算，将显著降低价值转移的成本，由此大幅提升清算、结算流程效率，缩短清算与结算时间，并通过提升效率和透明度来增强投资者的信心。区块链技术可以简化交易后的结算和清算流程，减少和消除交易错误，简化中后台职能、缩短结算时间，实现净额结算并降低对手方信用风险，显著提高资本市场运行效率。

以贵州通公交云卡为典型应用场景，可实现基于虚拟云卡的全省互联互通，并基于这样的应用，实现省域乃至全国的清结算可信云服务平台（见图6.16）。

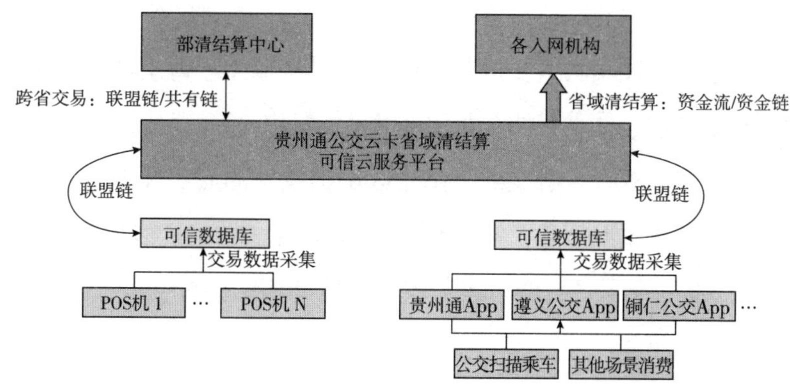

图 6.16　贵州通公交云卡省域清结算可信云服务平台业务体系

第七节　“征信-网贷区块链”场景应用

随着人类社会越来越数字化，以及互联网由传递信息、消除信息不对称的信息互联网向传递价值、降低价值交换成本的价值互联网进化，人们开始尝试通过数学算法来建立交易双方的信任关系，使弱关系可以依靠算法建立强连接，从而促使人类完成之前不可能完成的价值交换活动。区块链本质上就是交易各方信任机制建设的一个完美的数学解决方案。它使用纯数学方法来建立各方信任关系，且信任建立过程中不需要借助第三方，信任的建立成本几乎为零。这也是业内预言区块链将帮助达成互联网金融的终极模式的核心所在。

技术开发主体

贵州蓝石科技有限公司发源于贵州伯克利大数据创新研究中心，2016 年 9 月，由美国加州大学伯克利分校、中国工业和信息化部电子第一研究所、贵阳市政府以及北京航空航天大学等国内外顶级学术机构通力合作建成，从美国“硅谷”引入“中国数谷”贵阳。

目前，公司团队主要成员90%以上具有硕士、博士学历，来自著名科研院所、知名科技企业和金融投资机构。

贵州蓝石联合金融企业，基于区块链技术的底层开发，将区块链技术应用于金融行业，致力于解决互联网金融中的征信难题，提供快捷高效的征信服务，助力解决P2P市场和消费金融的强烈需求，建立健全信用社会。

区块链在金融行业的应用与发展

区块链是加密算法、分布式数据存储、点对点传输、共识机制等密码学和计算机技术在互联网时代的创新应用模式。它并不是单一的、全新的信息技术，而是依托现有技术，加以独创性的组合及创新，实现了颠覆式的数据记录、传递、存储，在全球范围引起一场新的技术革命和产业变革。区块链的应用从以金融科技为代表的领域逐渐展开，同时已延伸到物联网、智能制造、供应链管理、数字资产确权和交易等多个领域。

基于区块链技术之上的互联网金融具体特点如下：智能化，金融交换载体由数据变为代码，传统金融成为可编程的智能金融；去中心化组织结构，点对点、端对端、P2P高效率信息交换；算法驱动的金融，摩擦系数接近于零；一体化的系统，身份识别、资产登记、交易交换、支付结算都在区块链一个系统上一账打通；实时化，场景化，现实世界与虚拟世界、物理世界与数字世界无缝衔接的金融体系。

征信简介及其重要意义

征信是依法收集、整理、保存、加工自然人、法人及其他组织的信用信息，并对外提供信用报告、信用评估、信用信息咨询等服务，帮助客户判断、控制信用风险，进行信用管理的活动。随着现代金融体系的发展，信用成了经济活动中政府的公信力和企业的保障，也是每个人的第二张身份证。

我国企业征信发展较早，市场较为成熟，以企业征信为主，个人征信有待发展，整体市场前景广阔。公共征信机构和民营征信机构并存，政府背书型的公共征信机构占据市场主导地位，民营征信机构市场份额较小，我国征信业以公共征信机构为主导，亟需民营征信机构的补充支撑。

目前征信存在的主要问题：一是数据缺乏共享；二是业务周期长，系统运转成本高；三是缺乏隐私保护机制。

区块链在征信场景的可行性

将区块链应用到征信场景中，从长远来看，对解决行业痛点有巨大潜力。主要表现在以下四个方面。

首先，区块链可以实现信用资源的多源交叉验证与共享，聚合成一个自信任和去中心化的分布式系统，提供差异化信息覆盖度，在解决重复借贷问题的同时，降低交易成本和协作成本。

其次，区块链可以最大限度地保证数据的真实性及主权确立，在相互协作与监督下大幅改善虚假数据现状。同时，提供统一信息格式和处理标准，在采集环节遏制数据缺失、重复、主体不明等基础错误发生。

再次，由于区块链无单一故障点的特性，在不发生51%攻击的前提下，基于密码学技术，信息泄露、隐私安全问题可以得到保障。除此之外，还可以加入监管角色，保证征信的公信力，在合理的情况下最大限度地维护区块链生态。

最后，从个人层面来说，区块链能帮助人们确立自身的数据主权，生成自己的信用资产。这是个人信用生产的基础，也是人们将来的重要资产来源及保障，同时也有利于征信机构信用生产成本的降低。

基于区块链的“征信-网贷”一体化平台解决方案

贵州蓝石与金融企业合作设计开发了“征信-网贷”一体化平台见图 6.17，在这个平台上，企业机构能够完成用户数据的共享，个人用户可以授权企业共享自己的数据，也可以在这个平台上申请网贷。整个系统分为两大主要模块，即征信模块和网贷模块。征信模块完成的功能有数据登记、用户授权、数据购买、数据券管理。网贷模块则包括登记受理平台和网贷管理平台。

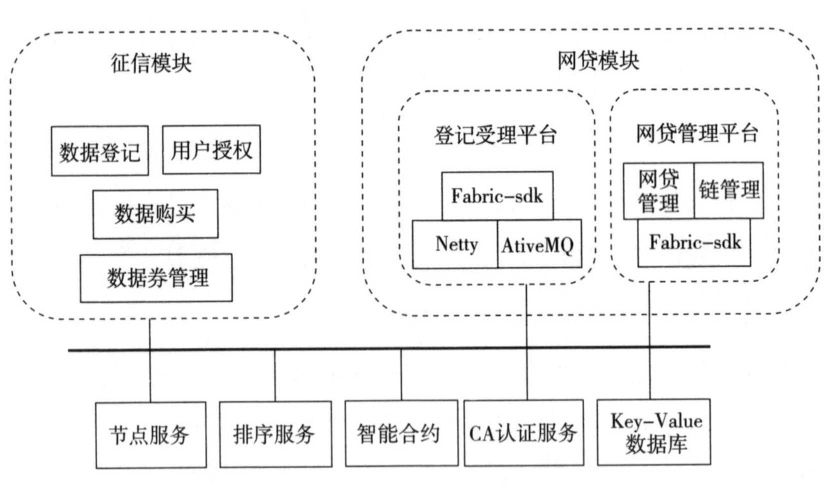

图 6.17 “征信-网贷”一体化平台的整体架构

数据上传。企业首先从本地数据库提取原始数据，经过用户授权之后，对原始数据提取摘要值，然后再调用 Fabric-sdk 接口，将数据的标签以及摘要值存储在特定的智能合约 Key-Value 数据库中，完成数据从本地上传到平台的过程（见图 6.18）。

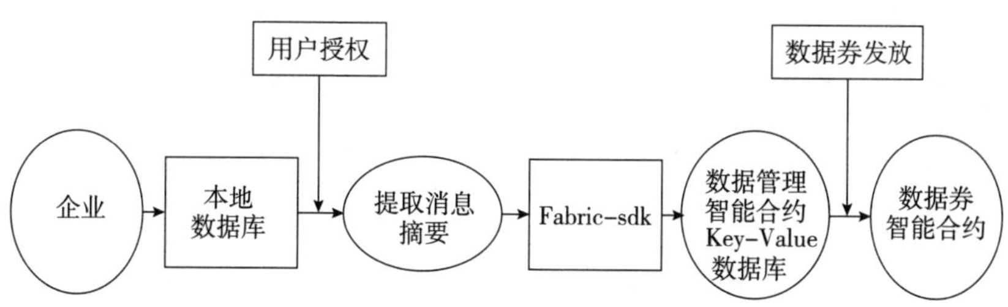

图 6.18　“征信-网贷”一体化平台的数据上传流程

数据购买。企业 A 购买企业 B 上传的数据，首先调用 Fabric-sdk 接口，发送购买交易。购买交易被记录到链上之后，在数据管理的智能合约内标注 A 已获得所购买数据的使用权，同时在数据券管理智能合约中将此次购买数据花费的数据券由 A 账户转移到 B 账户。此时，平台已经记录了 A 对于购买数据的使用权，B 确认后将原始数据通过安全信道传输给 A，A 在接收到数据之后可以计算消息摘要值并与数据管理智能合约中记录的摘要值做比较，完成对数据完成性的验证（见图 6.19）。

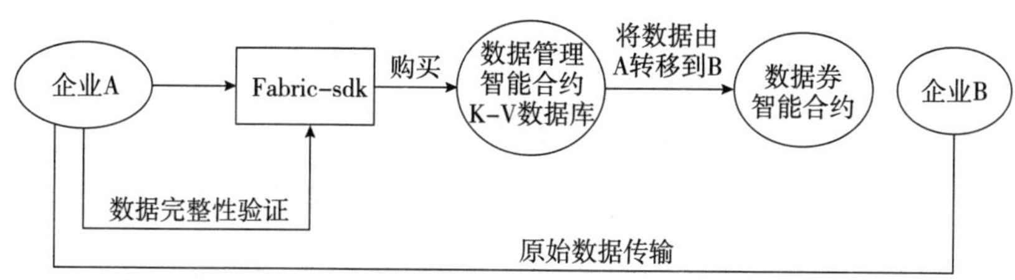

图 6.19　“征信-网贷”一体化平台的数据购买流程

数据券管理。数据券管理通过智能合约自动完成，上传数据的企业能够获得数据券，而购买其他企业上传数据则需要消耗数据券。

同时，平台还提供付费购买数据券的接口，除了上传数据获得数据券以外，企业还可以通过付费的方式去购买数据券。

网贷。有了征信模块的支持，数据能够在企业之间自由流通，这为网贷提供了数据基础。企业通过平台上的数据分析得到用户的信用评分，然后对用户的网贷申请进行相应处理（如图 6.20 所示）。

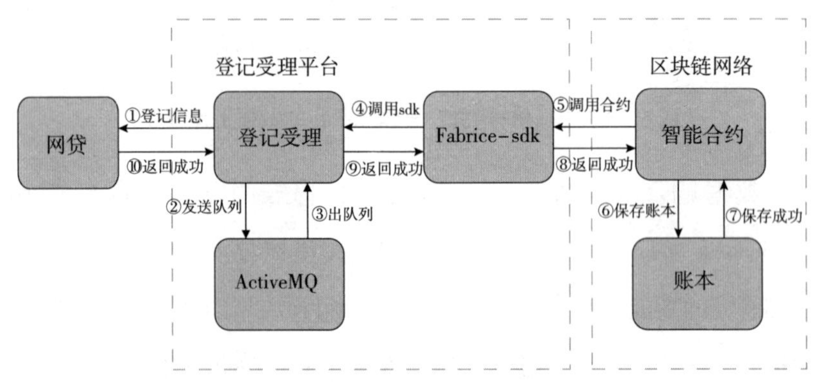

图 6.20 “征信-网贷”一体化平台的网贷流程

基于区块链的“征信-网贷”一体化平台优势

通过科学激励方式，打破“信息孤岛”，促进数据共享。在“征信-网贷”一体化平台中，企业和用户可以将数据登记至平台上，换取平台数据券。通过这个平台，数据将完成互联互通，极大地促进信息和价值的传递。

一个系统能够长久健康地运行，一定需要完善的生态圈。在整个平台上，通过上述科学的激励机制，使持有大量数据和优质数据的企业能够获得大量数据券，而缺乏数据的企业也可以通过购买数据券来获取数据。

用户的数据只有经过用户授权之后才能够被登记到平台，因此用户对自己所有的数据有足够的控制权。数据确权明确，保证数据的隐私与安全。

平台参与维护的成员变化并不会重新对平台进行扩展或者修改，有很强的灵活性和可扩展性。同时在应用层面，由于智能合约的图灵完备性，几乎任何金融业务均可在此平台上实现。

在“征信-网贷”一体化平台上，监管者可以作为超权节点加入系统中进行区块链的维护。由于企业的线下业务均会映射到链上，因此监管者可以随时对企业业务进行监控与审查。

任何个人用户均可授权将个人信息登记到平台，为后面的信用评估提供数据，因此降低了个人征信的成本以及门槛，促进了个人征信的发展。

第八节 “保险区块链”场景应用

消除贫困、改善民生、实现共同富裕是社会主义社会发展的本质要求。近年来，大扶贫成为贵州省的头等大事和第一民生工程，是贵州持续推进的首要战略行动。数据显示，在强大的扶贫攻势下，贵州用两年的时间使 250.8 万人口成功脱贫。其中，“区块链+保险”“区块链+精准扶贫”的模式创造性地将区块链技术与大扶贫战略相结合，为贵州 3000 亿元的扶贫基金高效、精准地应用到扶贫开发工作中提供有效保障，为贵州扶贫工作取得良好成效提供重要支撑。

技术开发主体

贵州蓝石科技有限公司（以下简称“贵州蓝石”）。

保险行业的痛点

目前保险行业有很多痛点（见图 6.21），比如，保险销售人员夸大产品保障范围、保险理赔难、消费者难以维权、产品价格太贵、核保和责任认定难等，这些都跑不出三个原因：缺诚信、缺服务、缺数据。

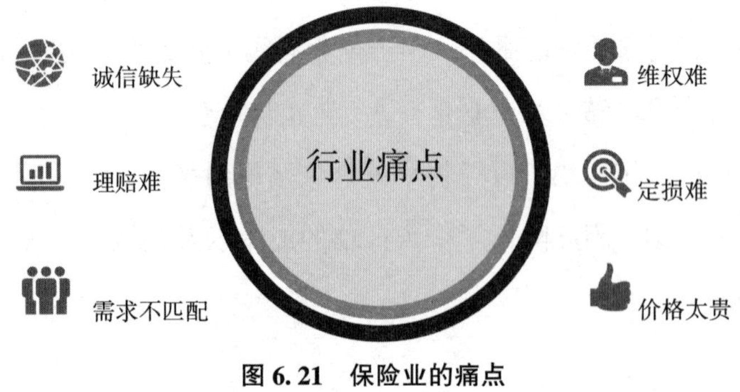

图 6.21　保险业的痛点

区块链案例成果

区块链技术的不可篡改、安全透明、去中心化等特点，天然适用于保险领域应用场景，所以贵州蓝石一直在这一领域持续投入研发力量，希望通过先进的技术手段，在保险行业建立“信任”新生态，解决行业痛点。贵州蓝石的定位非常明确，即和底层数据平台合作，共同打造“区块链+保险”的数据技术应用标准。

针对保险行业面临的问题，贵州蓝石创造性地应用区块链技术，提出了有针对性的解决方案。

为了解决诚信缺失的问题，可以基于区块链建立“信任”生态体系。这是因为保险的核心是信用的建立和传递，区块链以其不可篡改、安全透明、多中心化的特点，天然适用于保险领域应用场景，为建立“信任”生态体系提供了可能。

将分散独立的各个中心，提升为多方参与的统一多中心，从而提高信任传递效率，降低交易成本。即在信息不对称、不确定的环境下，建立满足各种活动赖以发生、发展的“信任”生态体系，进而改变保险行业信任缺失的现状。

为了解决数据缺失的问题，可以基于区块链建立数据风控平台，通过与有共同诉求的医疗机构、教育机构、养老机构等同质人群联合在一起，在互惠互利、共同贡献的前提下共同构建区块链联盟模式。通过接入多家健康医疗机构、保险公司、特定病等机构的丰富大数据资源，并应用基于机器学习等智能精算模型、风控模型，对客户核保、核赔场景在源头降低赔付风险（如图 6.22 所示）。

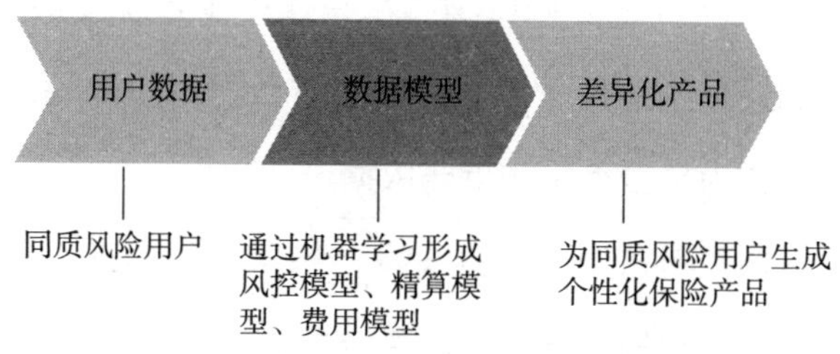

图 6.22 基于大数据的保险产品智能输出

为了解决服务缺失的问题，可以基于大数据实现保险产品智能输出。通过接入不同机构的风险数据，利用风险模型算法，通过机器学习建立人工智能数据模型，找到合适的保险公司进行承保，为区块链机构用户提供差异化的保险产品和服务。

目前，贵州蓝石与国内领先的科技保险平台合作，利用联盟链技术，打通多个省市的卫计数据，并通过接入不同的医疗、健康机构数据上链，打造多款福利型保障保险，包括市面上唯一可以“带癌投保”的保险，唯一支持65岁老人首次购买的健康险，面向心智障碍人群、慢性病人群的重疾险。

由于对承保用户数据掌握不充分，传统保险机构对待非标投保人群的态度只能是“宽进严出”，在理赔时设置种种门槛和障碍，从而在客户认知中造成很大的负面影响和不信任问题。而贵州蓝石在承保阶段设置严格标准，在理赔阶段简化手续。最重要的是，选择癌症患者这一特殊人群作为公司的核心受众，从根本上杜绝了保险业自诞生以来就一直存在的逆选择现象。

同时，在“严进宽出”的产品风格背后，贵州蓝石还借助了数据的力量，利用机器学习及人工智能的建模技术，对数据进行多维度分析，形成200多个考核维度、1400多个考核指标，研发具有自主知识产权的风险量化分析模型。用户通过平台提交投保材料时，在患者知情和授权的前提下，利用第三方数据对投保用户进行风险精算，将结果作为是否承保的重要依据。

同时，贵州蓝石利用区块链技术，将保险数据进行块链式数据结构验证与存储，利用分布式节点共识算法来生成和更新保险数据，利用密码学的方式保证数据传输和访问的安全，实现多主体间的信息共享和一致决策，确保各主体身份和主体间交易信息的不可篡改、公开透明。

依据大数据+区块链的技术，基于区块链保险应用定制的几款产品上市后消费者反响很好。2017年下半年，贵州蓝石的“区块链+保险”解决方案上线以后，合作方的保险平台的付费用户每月新增10万人，保费在2017年6月底仅为百万级别，到当年12月已经攀升到千万级别。截至2017年12月，付费用户已超80万人，单月保费规模超过1000万元，预计2018年全年保费规模超5亿元。合作方的线下业务拓展也非常顺利，已经与多个区域的多个机构建立了业务合作。仅辽宁一地，就与40余家医院、200多家教育机构、近千家养老机构确定了合作关系。

“区块链+保险”技术应用

国家癌症中心负责人曾公开披露，中国癌症发病人数位居全球第一，每10万个中国人中就有174人得癌症。恶性肿瘤已经成为中国居民的主要死亡原因。其中，乳腺癌高居女性发病率首位，结直肠癌比例在男女性发病率中分列第五和第三。最可怕的是，由于中国癌症患者就诊普遍偏晚等原因，中国癌症死亡率高于全球平均水平。而因为癌症患者的预期死亡率太高，几乎所有传统保险公司都拒绝为这一人群提供保险保障产品。即便是同意承保，保险公司也会收取比健康人高得多的费用，对既往病史还会做责任免除。传统保险公司持“嫌贫爱富”姿态背后的成因很多，很重要的一点是他们对差异化人群风险建模的能力缺失，更确切地说，是认知与动力不足。

针对这个问题，贵州蓝石与科技保险平台合作，利用“大数据+区块链”的底层技术，建立了针对非标人群的风险精算和风险管理平台，同时，与各地卫计委、三甲医院、专业医疗机构合作，接入了多地、多家医疗机构，建立了国内规模最大的、服务于保险场景的联盟链，获取了大量精准的医疗及费用数据，并基于对这些数据的精准分析，在国内首次推出癌症患者带癌投保的抗癌险，为65岁以上老人、慢性病治疗人群等提供了多款差异化保险产品。

在实际开展业务过程中，贵州蓝石利用区块链技术，将保险产品信息及投保过程、流通过程、营销过程、理赔过程的信息进行整合并写入区块链，实现全流程追溯、数据在各交易方之间公开透明，以及保险公司、保险机构、监管部门、消费者之间的信任共享，最终形成一个完整且流畅的信息流，实现了良好的社会效益和经济效益。

第七章　数据铁笼

突出区块链金融风险防控

近年来，虽然互联网金融业态发展迅速，但在发展过程中也暴露了很多问题。互联网传播快的特性打破了地域限制，使传统的监管手段难以有效执行。结合贵阳市“数据铁笼”建设，运用大数据、云计算、区块链等技术手段搭建的贵阳“数控金融”平台，目的是将权力关进制度的笼子，同时对新金融业态进行监管，预防金融风险。贵阳市率先对“数控金融”理论进行了实践尝试，提供了可供区域金融监管借鉴的经验。

第一节 “数据铁笼”的建设

“数据铁笼”的理念和成效

“数据铁笼”是运用大数据思维和相关技术，将行政权力的运行过程数据化、自动流程化、规范化，对权力清单、责任清单、“三重一大”事项清单、风险清单、行政业务流程等权力运行过程的环节实现监管、分析、预警、反馈、评价和展示，构建大数据监管技术反腐体系，减少和消除权力寻租空间，推进落实“两个责任”和“一岗双责”，促进党风廉政建设，提升政府治理能力。

2015 年 2 月 14 日，李克强总理在贵州考察北京 · 贵阳大数据应用展示中心时指出，把执法权力关进“数据铁笼”，让失信市场行为无处遁形，权力运行处处留痕，为政府决策提供第一手科学依据。时任贵州省委书记陈敏尔在其发表于《人民日报》（2015 年 11 月 9 日）的署名文章《理想信念高于天，纪律规矩是底线》中指出：“在打造‘数据铁笼’方面，重点是依托大数据产业优势和云平台系统，强化权力运行监督，实现权力运行全程电子化、处处留‘痕迹’，切实做到‘人在干、云在算、天在看’。”

2015 年以来，贵阳市充分依托贵州大数据发展先行优势，编织制约权力的“笼子”，相继在市住建局、市交管局等40家市直单位分三批实施“数据铁笼”工程，目前已实现市政府组成部门“数据铁笼”全覆盖，有效提升了政府治理能力。

主要做法

强化顶层设计。贵阳市将“数据铁笼”建设作为一项重要工作来抓，充分总结运用试点工作经验，加强顶层设计，制定出台了《贵阳市全面推进“数据铁笼”工程建设的指导意见》，明确了“数据铁笼”建设内容。为规范“数据铁笼”系统设计，统一建设标准和要求，编制了相关的建设规范，指导“数据铁笼”建设的全面推广和持续完善。贵阳市委、市政府主要领导亲自挂帅，成立“数据铁笼”建设领导小组办公室，加强工作调度，建立“旬报告”工作机制，纳入年度工作目标考核内容。

突出功能定位。把“人在干、云在算、天在看”贯穿“数据铁笼”建设全过程，确保建设方向不偏移。人在干，就是推动权力运行全程数据化、处处留“痕迹”；云在算，就是通过大数据融合分析，实现权力有效监督和治理提升；天在看，就是创造性提出数据监督理念，编织制约权力的“笼子”，让权力在阳光下运行。围绕这一目标，奏好“五部曲”：

第一是信息化。把传统的办公方式改造为无纸化、网络化的新方式，实现政务流程信息化，并运用互联网实现政务网上运行。

第二是数据化。提高数据结构化水平，并通过数据留痕记录权力运行的过程，找到数据之间的关联。

第三是自流程化。通过计算机对人的身份、行为、思维等数据进行关联分析，以自动化、可视化的方式展现处理全过程，实现自动循环、自动检索、自动预警，进而约束人的行为。

第四是融合化。打破“数据孤岛”，实现数据按需、契约、有序、安全式的开放，并形成不断开闭合的跨部门数据共享机制。明确建设构架。构建以全面从严治党为核心的权力运行和权力制约的“一个体系”，制定数据图层和数据代码“两个标准”，解决问题在哪里、数据在哪里、办法在哪里“三个问题”，抓好重大决策、行政审批、行政执法、党风廉政风险预警控制系统“四个关键”，推进一图、一卡、一机、一库、一平台“五个统一”，建立“不能腐”的科学制度框架体系。

第五是搭建支撑载体。搭建统一的数据支撑载体，统筹解决“数据铁笼”建设应用中的公共数据服务问题。一是依托“云上贵州”平台，充分利用现有资源，加快打造支撑“数据铁笼”的云平台体系，加强互联互通，实现与“云上贵州”平台无缝对接。二是建设贵阳市政府数据交换共享平台，实现政府部门之间数据的共享交换，为各试点单位跨部门业务应用数据采集、融合共享提供基础平台支撑和关键技术载体。三是建立数据采集、交换标准，编制政府数据目录体系，形成统一的政府数据采集体系，对全市政府数据采集工作进行统一协调和管理。

主要成效

一是提升了政府治理能力。“数据铁笼”将人为监督变为数据监督、事后监督变为过程监督、个体监督变为整体监督，压缩了权力寻租空间，有效解决了不作为、慢作为甚至乱作为等问题，进一步完善了行政监督体系，提升了管理效能。贵阳市住建局通过对建筑施工监管人员的工作量、亲密度、偏离度、超期量等数据进行采集记录、关联分析、精准监督，使自由裁量权由“自由”向“不自由”转变。贵阳市运管局将大数据融合平台的电子巡查功能延伸到驾培行业管理、旅游大巴以及班线客运管理等领域，实现了精准治理，使市民对出租车的满意度由2015年的70%提升到2016年的92%。

二是促进了“两个责任”落实。“数据铁笼”通过数据使履职轨迹留痕留印，既有利于提高责任意识、压实责任内容，使责任落实变得明确具体，又有利于循迹查责、依据追究，有效防止责任主体履职虚化和责任制“空转”。实施“数据铁笼”以来，市交管局“接出警不及时、工作不作为、执法不规范”等方面的投诉信访复议案件下降了80%。

三是加强了廉政风险防控。“数据铁笼”能及时发现存在的风险，并从中找出规律，从而实现对权力任性的有效预防。同时，通过数据全面记录和反映个人行为，实现对个人行为描述的科学化、具体化和精准化，及时发现廉政风险。市交管局建立数据共享分析机制，定期调取、比对数据并进行融合分析，确保了对权力的可预防、可控制。

四是完善了技术反腐机制。“数据铁笼”通过数据描述使权力运行具体化、精准化、可视化，及时发现和捕捉权力运行过程中的异常，最大限度堵塞漏洞，使监督执纪更加科学、精准、有效。市住建局对招投标数据库各个环节的风险点、关键点、风险案例进行综合分析，运用大数据手段推行招投标评分体系，有效防范建筑工程招投标中围标、串标等违规行为。

从“数据铁笼”到“数控金融”

贵阳市金融工作办公室在建设“数据铁笼”时，不仅考虑到要按照《贵阳市全面推进“数据铁笼”工程建设的指导意见》，将权力运行具体化、精准化、可视化，及时发现和捕捉权力运行过程中的异常，更重要的是，通过政府数据的互联互通，以及其他各类数据源的整合，运用大数据、云计算等手段对贵阳市辖区内的新金融企业进行监管，从“数据铁笼”进一步提升为“数控金融”。

“数控金融”平台的“数据铁笼”系统旨在运用大数据手段和思维，对权力的运行进行风险控制，将权力、制度、行为和流程数据化，通过数据管住人、事、物，以数据为核心，完善权力监督的技术体系。平台采用大数据及区块链技术，积极探索新兴信息技术在金融办业务监管和信息服务中的运用，适应互联网和大数据时代对新金融业务管理的需要，提高金融办的履职能力和服务能力。

通过“数控金融”平台业务管理系统的建设，对金融办的业务管理活动进行全方位、全过程的风险监控，对贵阳市辖区内的新金融和类金融企业进行监管，主要涵盖了涉及 P2P、众筹、网络支付、小额贷款、融资担保等业务的公司，实现线上与线下、业务层面与监管层面的实时交互对接，提高金融办业务管理的信息化水平、办事效率和履职能力，坚决守住不发生行业风险和区域性金融风险的底线。

第二节 “数控金融”的作用

防范金融风险的重要性

2017 年 7 月 14—15 日，习近平总书记出席全国金融工作会议时强调，“坚持稳中求进工作总基调，遵循金融发展规律，紧紧围绕服务实体经济、防控金融风险、深化金融改革三项任务”，为当前全国金融工作指明了方向。10 月 18 日，在党的十九大上，习近平总书记在报告中再次强调，“着力加快建设实体经济、科技创新、现代金融、人力资源协同发展的现代产业体系”，深刻揭示了现代金融与实体经济、科技创新及人力资源协同发展的本质规律。习近平总书记提出要“深化金融体制改革，增强金融服务实体经济能力，提高直接融资比重，促进多层次资本市场健康发展，健全货币政策和宏观审慎政策双支柱调控框架，深化利率和汇率市场化改革。健全金融监管体系，守住不发生系统性金融风险的底线”。

12 月 18—20 日的中央经济工作会上，习近平总书记出席会议并作重要讲话，强调今后三年要重点抓好决胜全面建成小康社会的防范化解重大风险、精准脱贫、污染防治三大攻坚战。其中，打好防范化解重大风险攻坚战，重点是防控金融风险，要服务于供给侧结构性改革这条主线，促进形成金融和实体经济、金融和房地产、金融体系内部的良性循环，做好重点领域风险防范和处置，坚决打击违法违规金融活动，加强薄弱环节监管制度建设。

防范化解金融风险，事关国家安全、发展全局以及人民群众财产安全，是一场输不起的战役，要从政治大局出发，抓紧制定战略规划，守住不发生系统性风险的底线，建立起防范化解金融风险的长效机制，坚决打好这场攻坚战，尤其是要加强薄弱环节监管制度建设和健全金融法治。要严格规范交叉型金融产品，继续拆解影子银行，健全对金融控股集团以及股东的监管，重点整治乱办金融、乱搞同业、乱加杠杆、乱做表外、违法违规套利等严重干扰金融市场秩序的行为。

要及时出台监管规章，消除监管空白与监管套利，通过强化金融监管的专业性、统一性和穿透性，实现所有金融活动监管全覆盖。强化金融科技与监管科技等创新技术的应用实践，完善金融基础设施建设，丰富监管手段，弥补薄弱环节与现有短板。全面协调推进依法治国，健全金融法治，以加强金融消费者保护体系、金融监管法律体系、金融风险管控体系和金融机构合规体系为主要着力点，防范金融风险，保障经济与金融良性循环。

新金融风险集聚

近年来，互联网金融等新金融业态凭借其科技创新的属性、轻松便捷的特点、服务范围的广泛，迅速在市场上蔓延开来。互联网金融不仅填补了传统金融的空白，还让更多人参与到金融中来。

“第三方支付”“众筹”“P2P 理财”等概念不绝于耳，互联网金融与普通公众的衣食住行休戚相关。由于需求的猛增，互联网金融在短时间内迅速成长为新的蓝海。但由于其发展速度过快、监管滞后以及知识普及力度不够等，一些不法公司打着“互联网金融”的旗号乘虚而入，从事违法行为，导致互联网不良平台的案件频发。

相较于传统银行等金融机构所推出的理财产品，互联网金融平台产品收益回报率相对较高，但也存在信息不透明等问题，在大多数互联网金融平台交易场景下，消费者对投资资金用途、流向和操作是无法知悉的，容易落入不法分子的圈套。迫切需要相关部门对整治互联网金融乱象做出反应，时刻警惕互联网金融中可能存在的风险，让无形的互联网空间存在边界，让资金在安全的环境下运营。

从 e 租宝到昆明泛亚贵金属交易所，以及善林金融等涉及非法集资、平台跑路等问题的集中爆发，凸显了对互联网金融等新金融业态进行实时监管的必要性。利用互联网的传播特性，投资者具有地域分布广泛、投资金额大、调查时间长等特点，因此，业务之急是强化金融科技与监管科技等创新技术的应用实践，丰富监管手段。据统计，截至2017年底，共有4039家平台出现问题，涉及投资者57.3万人，投资金额332.9亿元。

2016年4月以来，中国人民银行牵头开展了互联网金融风险专项整治工作，旨在积极稳妥地化解互联网金融领域风险。当前互联网金融领域非法集资专业化趋势明显，一些不法组织和个人假借迎合国家政策，未取得相关牌照就从事互联网金融业务，以具体项目和线上投资标的等为依托，包装成专业规范的合同文本和业务流程进行作案，手法极具迷惑性，加大了投资者的辨别难度。

同时，新型非法集资方式层出不穷。随着专项整治工作的深入推进，互联网金融主要领域的风险得到有效识别和管控，但新型业务不断冒头。一些不法分子使用新型手段，以代币发行融资（ICO）、各类虚拟货币等"互联网金融创新"为幌子进行非法集资，噱头更为新颖，隐蔽性更强。

"数控金融"监管理念

"数控金融"建设运用大数据、云计算、区块链等技术，以建立符合业务管理规范和互联网金融监管与行业发展要求的"数控金融"平台为主要任务（相关活动见图7.1），建设业务管理系统和"数据铁笼"系统一体化的信息化管理平台，提高金融办的管理效率和履职能力，规范权力运行，推动金融办治理能力的现代化。

关于业务监督管理，平台针对不同类型的地方性金融机构或金融活动，根据国家出台的《融资担保公司监督管理条例》《网络借贷信息中介机构业务活动管理暂行办法》等制定了统一的监管规则，

图 7.1 贵阳数控金融监管服务平台启动仪式

同时将各类监管规则细分为定性指标和定量指标，由后台区块链证据存证和大数据分析手段作为支撑，将各类企业的经营和运行指标交由机器自动评分，并通过人工评分的形式进行业务风险度综合排名，对重点指标进行全面的平台监控，一旦系统探知风险，则触发预警机制，根据风险等级，启动不同的预警流程，如推送警告信息给相关工作人员，高等级风险则联动推送至主管领导，对重要风险则按流程启动预设应急预案。数控金融平台预警推送流程如图 7.2 所示。

在新金融业态风险预警方面，贵阳“数控金融”平台以 P2P、小贷担保企业等各类在管企业实时运营数据为主线，以工商、税务、法务、公积金、社保等贵阳市政府各职能部门实时数据为主入口参数，结合全国性第三方数据来源，如三大运营商全国数据、银联全国数据、舆情大数据，对平台在管企业进行全方位的企业特征画像，

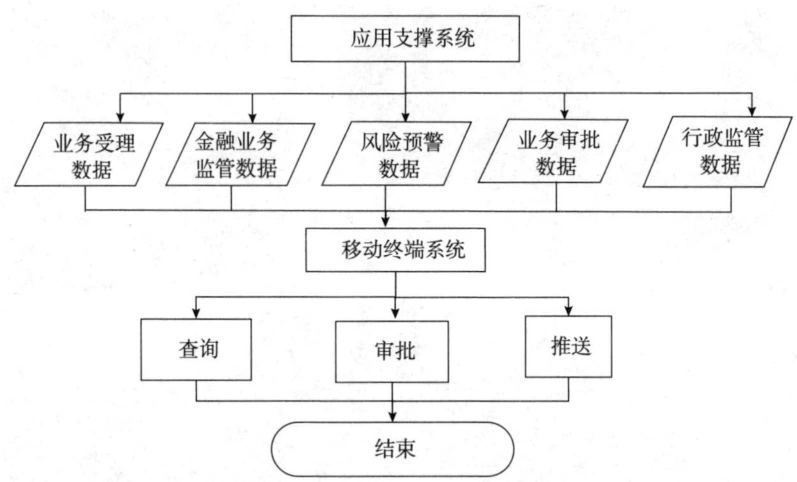

图 7.2　数控金融平台预警推送流程

同时针对企业的法人、主要股东、董监高等重点人员，进行个人特征画像，通过对企业及企业重点人员的全面数据探知，实现对企业风险进行分级预警、分类处置，不断提升主动发现、提前预警金融风险的能力，实现对涉众金融风险的“打早打小”，在切实保障广大群众和投资者的资金财产安全的基础上，全面掌握管控贵阳市新金融业态的整体行业风险（相关系统见图 7.3）。

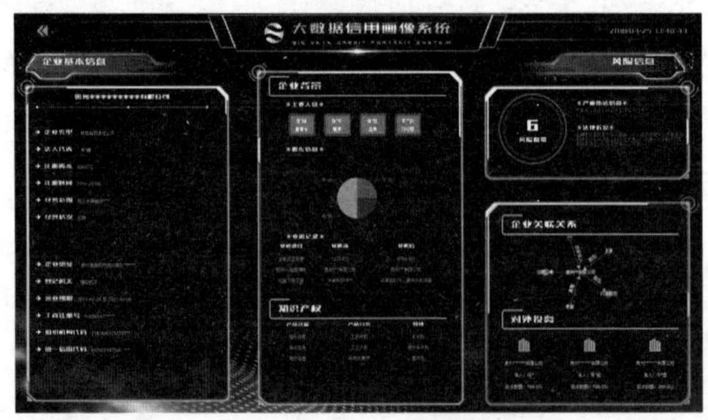

图 7.3　大数据信用画像系统

针对传统金融监管模式中存在的风险监测预警难、实施防范监管难、数据信息汇总难和企业情报获取难等难题，“数控金融”平台以大数据和云计算为技术支撑，通过系统五大板块：平台应用支撑系统、平台业务管理系统、“数据铁笼”系统、平台监控大屏系统、平台移动终端App，全面获取金融企业业务运营数据、舆情信息、线下数据，通过平台金融风险大数据模型和分析系统，实时监测贵阳市在管金融企业的风险情况，平台也全面预设了与各部门联合防范、处置风险的系统接口，可以实现举报、预警、打击、处置的一体化全流程，与贵阳市相关职能部门进行联动。

系统每日实时采集互联网公开信息，同时对接贵阳市政府行政资源信息、银行信息、金融办监管系统信息等数据，并通过网络舆情获取等信息渠道，建立金融案件源头信息的获取机制，并根据不同行业，设计了P2P、小贷、担保等不同的行业监控及预警模型（图7.4）。

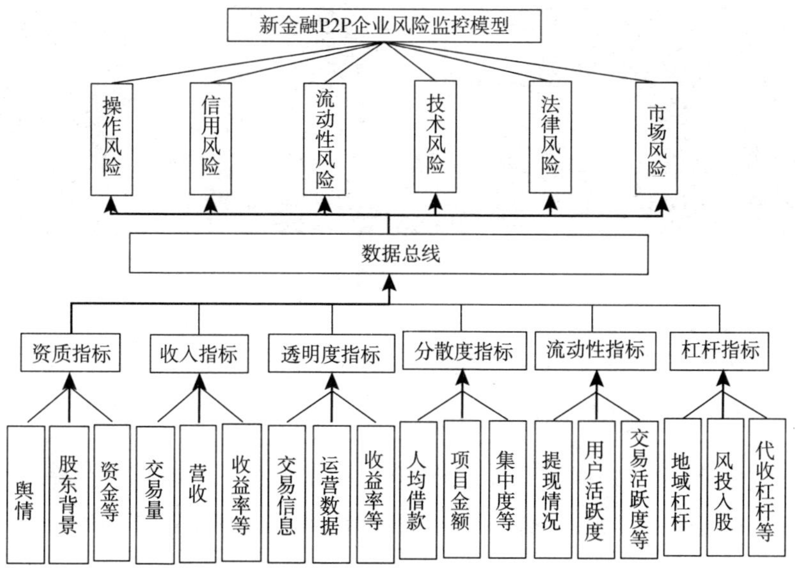

图7.4 新金融P2P企业风险监控模型

此外，平台提供了一系列配套监管服务。一是重点企业风险排查服务，深度挖掘企业内在风险；二是健全互联网金融平台信用评级体系，实现“白名单”和“黑名单”的分类评级和监管治理；三是实现金融风险大屏监控及实时风险推送处理机制，对各类事件实现大屏实时预警，建立各级分管领导可通过移动端和短信实时获知相关信息的全平台联动机制。

为达到以上效果，监测预警系统应用了最前沿的科学技术（图7.5）。采用机器学习算法，定制化建模，分类别量化金融风险；采用文本挖掘技术，结构化处理分析非结构化文本源；采用复杂网络，智能化识别，深度挖掘企业关联关系。

图 7.5　数控金融平台

从功能监管入手，以行为监管为主。近年来，地方金融风险及金融乱象集中体现在违法违规行为上，地方性金融机构违规参与民间金融活动、乱办金融、无照经营、非法集资、金融诈骗等风险事件也屡有发生，这反映出地方金融经营行为的混乱及市场秩序的缺失。因此，对地方金融的监管重点应转向其经营行为，通过实施强有力的行为监管确保其经营行为守法合规，营造公平、透明及有序的金融市场环境并保护金融消费者合法权益。

贵阳数控平台通过全面联动贵阳市政府各委办局如工商、税务、法院、住建、车管等各类政府机构数据，对企业经营合规性、企业董监高等各类重点人员行为风险性进行全面监管，同时打通运营商、银联、支付平台、交通数据类平台数据，一方面通过区块链技术进行全面存证，另一方面通过大数据手段进行全面刻画分析，实现对企业经营行为和企业相关人员行为的监管。

同时通过“数据铁笼”相关系统，建立问责机制，把责任落实到人。既避免地方金融管理权被滥用或干预，又确保相关职能责任人能够坚决整治金融乱象，及时有效识别和化解风险，切实承担并履行风险处置及非法集资防范的第一责任，坚决守住不发生区域性风险、群体性事件的底线。对于履职不力、严重失职渎职的，平台首先记录相关证据，并启动问责机制，对失职部门及其相关责任人进行严格问责。

地方金融监管还面临省、市、县三级金融办的角色定位与体系分工问题。尤其是在监管实践中，县区级金融办既是短板，又是风险压力中心。除了充实县区金融办力量外，更关键在于明晰其角色定位。“数控金融”平台将省、市、县三级金融办的工作人员全部纳入平台。

首先，在平台上分配各工作人员的自有角色，并进行权限分配管理，根据不同角色的工作人员的不同工作流程，在平台上全面打通工作流和信息流。近年来，许多县区在处理非法集资案件中积累了一定的经验，在今后的监管变革中，可将其风险处置能力进一步提升为风险预警能力，建立预警前哨，发挥“烽火台”的作用。而省、市级金融办则重点加强信息汇总、风险研判、规则协商、监管技术等核心能力建设。补齐了县区级金融办这个短板，既可夯实地方金融监管一线力量，又可补充“一行三会”的基层监管薄弱区。

面对日趋复杂的国内外经济、金融形势，贵阳市金融办牵头组织，与本地高科技企业贵州数行科技有限公司共同打造的“数控金融”平台充分运用大数据监管技术和金融科技方法（相关平台见图7.6），为政府金融监管提供技术支撑，助力政府加强重点领域风险防控能力，建成更高效、更全面的互联网金融长效监管机制。

图7.6　数控金融平台工作人员业务监控图（移动端）

以区块链技术为支撑的金融证据链存证系统

为实现对金融类企业进行有效监管，实现政府部门对金融数据的审计和监管能力，该系统引入区块链技术，实现基于区块链的金融证据链存证监管。系统中的“监管链”由各个金融行业的企业和监管单位共同组成，金融类企业将合同文件等需要存证和监管的数据写入监管区块链中，实现数据的存证和不可篡改，同时满足政府机构对金融类企业业务的审计监管要求。

基于区块链的金融监管存证系统包含基础设施、数据资源、基础平台、业务平台、应用系统、标准体系等（相关系统见图7.7）。

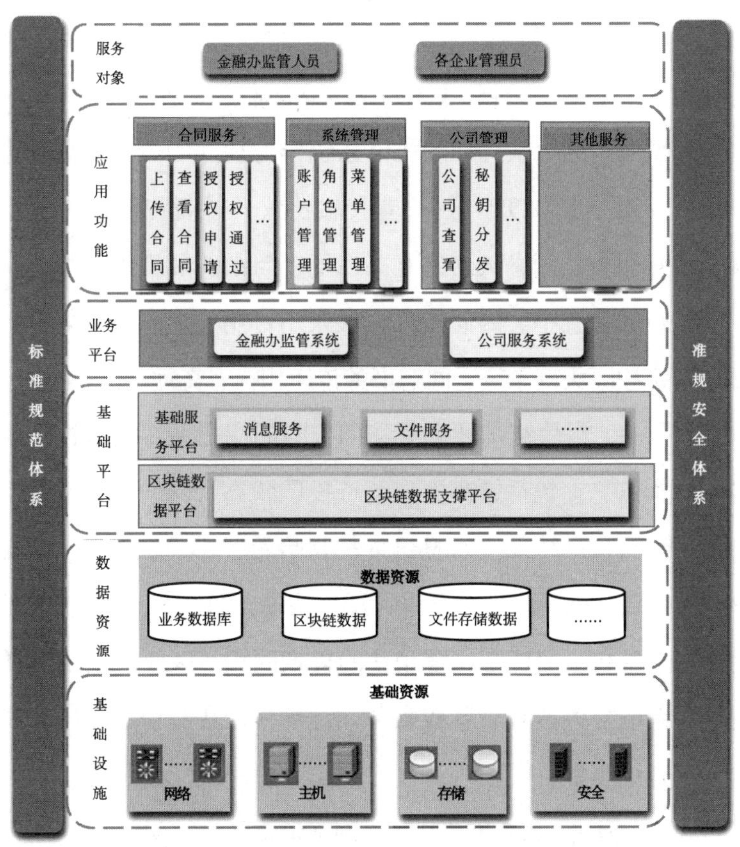

图7.7　基于区块链的金融存证监管体系整体架构

区块链支撑平台包括接入模块、查询网关、权限管理、核心共识模块、智能合约模块、监控报警模块、日志系统等模块和子系统（相关设计见图7.8）。

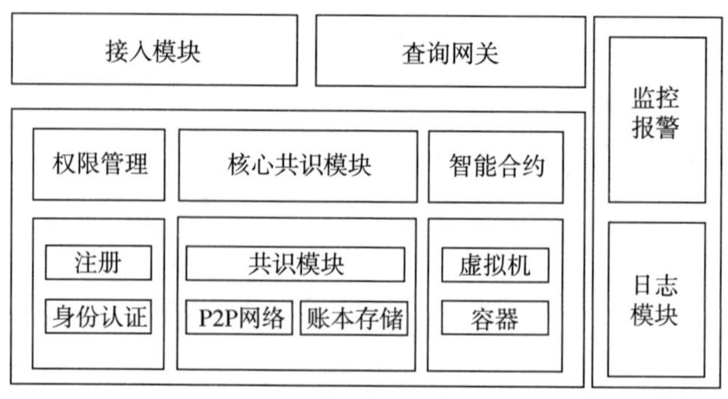

图 7.8 区块链架构设计

接入模块。应用系统和区块链系统作为独立的系统，需要进行数据交互。相对于 HTTP（超文本传输协议）或者传统 RPC（远程过程调用）服务，消息队列具有高性能、与系统解耦等优势，广泛应用于分布式系统中。因此接入模块采用可用的消息队列集群，实现应用系统和区块链系统之间的事务传递和状态交互。

查询网关。区块链需要向有访问权限的应用系统或监控系统展示链的基本信息，包括链高度、节点投票状态、网络运行情况，以及智能合约与执行结果，如 Merkle 树根哈希、账户状态等。系统采用 PKI（公钥基础设施）体系进行授权认证，通过 Nginx 和 Lua 结合进行路由和鉴权，实现区块链系统的查询网关。区块链采用 PKI 体系为应用系统提供授权、鉴权服务，对具备合法身份的上层系统提供写入和查询服务。

核心共识模块。P2P 网络：P2P 网络负责区块链网络的底层通信，链中节点通过 P2P 网络进行事务广播及提案、投票信息的发出和接收。

共识模块。共识模块运行于 P2P 网络之上，通过改进的高效拜占庭容错算法，实现高性能分布式一致性。

存储模块。存储模块提供了高性能的存储服务，对区块链中的区块数据、状态数据进行记录。

智能合约模块。智能合约模块提供了与区块链核心共识模块之间完备的接口，可以基于 Go 等高级语言进行智能合约开发，实现复杂的业务逻辑。

监控报警模块。系统中的所有模块和子系统，会实时上报服务器的物理状态和服务的运行状态，监控报警模块以图表形式实时展示监测到的数据，如果到达报警阈值，则触发报警操作。

日志系统。系统中所有模块和子系统，会将采集到的日志实时上报给日志系统，日志系统对日志进行分析、汇总，并支持查询和展示。

区块链网络拓扑设计。在基于区块链的金融监管存证系统中，接受监管的金融类企业与实施监管的金融监管部门，组成“联盟链”系统（相关系统见图 7.9）。在系统中，金融类企业和监管部门作为监管

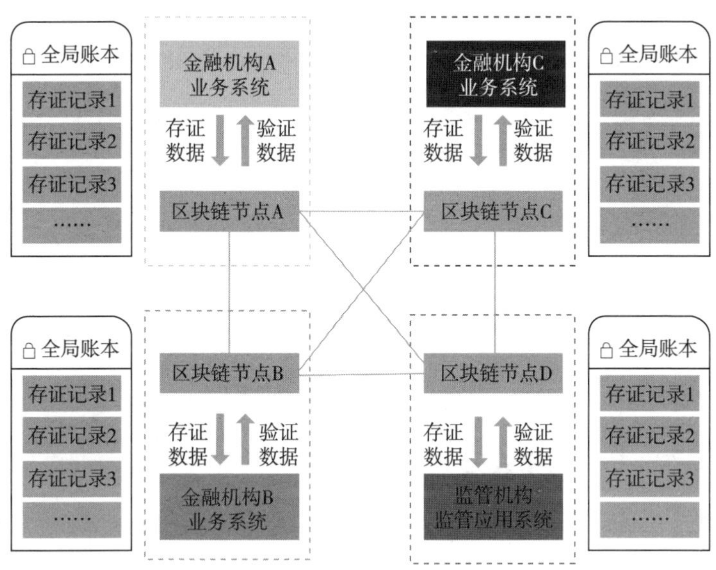

图 7.9 基于区块链的金融监管存证系统

链中的独立节点，节点之间独立且对等，共同组成整个区块链网络，可以实现数据的存证功能。同时，区块链本身所具备的数据共享和全局账本功能，可以保证监管机构行使审计、监管权利。

区块链与业务系统关系。在本系统中，“监管链”实现了数据的存证和审计功能，因此，业务系统只用将需要进行存证和接受监管的数据记入区块链即可，其他与此无关的数据依然保存于原有的业务系统数据库中，这样既实现了数据监管存证功能，又保证不会加剧区块链数据的“膨胀”。

公司端业务系统（图 7.10）。公司端业务系统可以是独立的应用系统，实现数据上传、数据查看、数据授权等功能。也可以是与现有业务系统的结合，在应用系统的数据流转过程中，将需要监管存证的数据通过数据接口写入区块链中。

数据发布。监管存证数据包括结构化数据和非结构化数据两种。其中结构化数据可以对特定对象（如合同）进行描述，非结构化数据主要包括电子合同、图片等数据。

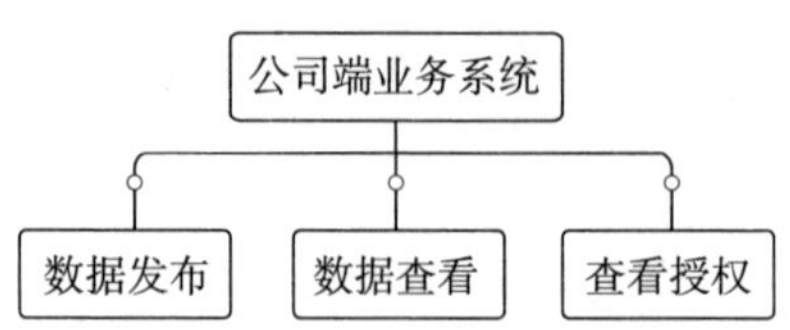

图 7.10　公司端业务系统

系统支持结构化数据、非结构化数据的监管存证。通过表单录入、附件上传方式完成数据写入流程。其中，非结构化数据上传后的文件地址作为元数据同样会被记录在区块链中。

金融办监管系统（图 7.11）。监管系统主要面向政府监管机构，满足政府对主权区块链和金融行为数据的监管要求。监管系统主要包括服务监管、账户管理、角色管理、菜单管理、节点详情、机构管理、数据查看等功能（相关系统见图 7.12）。

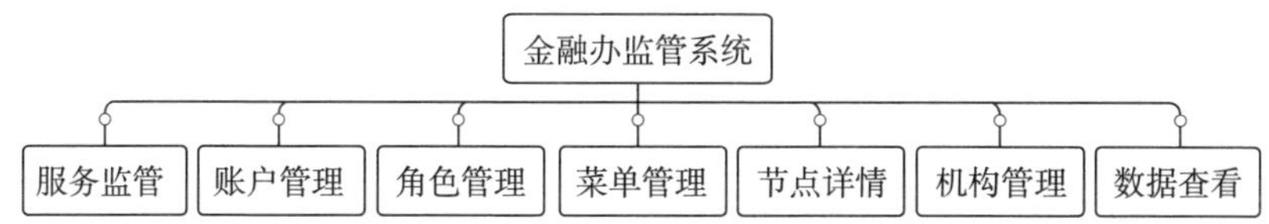

图 7.11　金融办监管系统

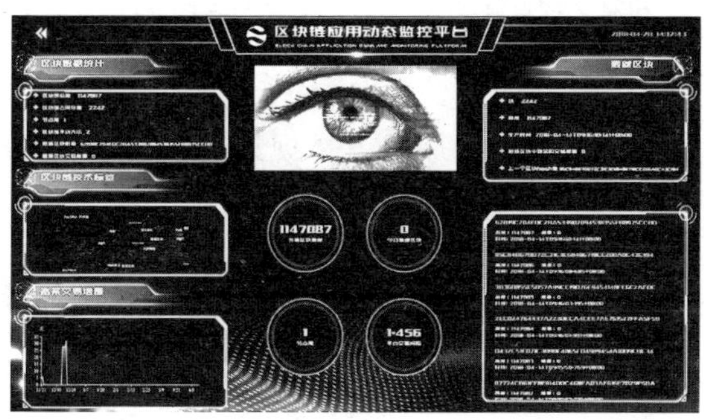

图 7.12　系统监控示意界面

第三节　“数控金融”的未来展望

实现区域性全方位监管

地方金融监管局职能转变。2018 年全国金融工作会议提出，地方政府要在坚持金融管理主要是中央事权的前提下，按照中央统一规则，强化属地风险处置责任。地方层面，各地已成立或筹备成立地方金融监督管理局，将职能向监管转变，并设立地方议事协调机构，强化监管协调。

从地方金融工作办公室变为地方金融监管局，名字的变化也代表原有金融办迎来大变革。“监督管理”将代替“促进地方金融发展”，成为金融办新的核心职能，中央主导、地方辅助的双层监管模式将进一步强化和明确。

根据中央部署，地方金融监督管理局的监管范围是“7+4”，具体为：负责对小额贷款公司、融资担保公司、区域性股权市场、典当行、融资租赁公司、商业保理公司、地方资产管理公司等金融机构实施监管，强化对投资公司、农民专业合作社、社会众筹机构、地方各类交易所等机构的监管。

此前各地金融办的主要职能就是规划当地金融业发展战略、负责拟上市企业的培育和服务工作、参与投融资体制改革工作等。加挂地方金融监管局后，将明确并强化其在地方监管方面的职责。增加的职责是“负责全省网络借贷信息中介机构的机构监管工作”。加强的职责为三部分：加强地方金融监管，加快推进全省金融业改革发展，促进全省金融业转型升级；负责推动全省金融人才队伍建设；加强有关地方金融组织和金融活动审批的事中事后监管。

同时，新近设立的国务院金融稳定发展委员会作为我国最高层级的金融监管统筹和协调机构，可以在加强中央与地方间的监管协调、消除监管分割等方面发挥重要的作用。强化中央统筹，加强监管指导，推进统一规则建设，从功能监管入手，以行为监管为主。地方金融监管应坚持功能监管视角，将辖内行使金融功能的机构或业务活动均纳入监管范围，建立问责机制，使得地方金融管理部门切实承担并履行风险处置及非法集资防范的第一责任，坚决守住不发生区域性风险、群体性事件的底线。

“数控金融”的监管扩展。如何有效统筹和调动中央和地方两个积极性，构建符合区域性风险防范、金融消费者保护以及实体经济发展需要的地方金融监管模式，是当前迫切需要解决的现实问题。

在此背景下，贵阳“数控金融”平台以大数据、云计算为支撑，全面使用大数据区块链技术，目前已将小额贷款公司、融资担保公司及网络借贷信息中介机构（P2P）等三类企业纳入平台监管范围。未来将把融资租赁企业、地方资产管理公司、区域股权市场、典当行、商业保理公司等五类机构纳入平台审批并负责后续监管，同时将农村资金互助合作社、各类地方性交易所及其他形式的互联网金融、民间金融活动全面纳入监管范围。

2018 年的全国金融工作会议提出，今后金融监管要“加强功能监管，更加重视行为监管”，对地方金融监管而言尤为如此。新兴类金融业态繁多，机构数量众多，力量不足、力不从心是各地金融办的普遍呼声。除了创新监管技术、加强持牌类金融机构的监管外，更重要的还在于从机构监管转向更加注重功能监管和行为监管的监管思维转向。这种转向将促使地方金融监管进一步清晰风险防控导向，特别是提升对具有系统性风险特征的金融行为的敏感度和反应速度。在这种新型监管思维下，先行先试的地方金融办更加具有开放性。贵阳“数控金融”平台一方面借助第三方大数据与互联网机构提升监管技术力量，解决人员数量不足和专业力量薄弱等问题；另一方面通过手机 App 平台等模式，扩大社会大众对防范金融风险和打击非法集资活动的参与渠道，拓展金融风险和非法集资行为线索的信息来源。

从金融监管到服务实体经济

“数控金融”平台不仅要做到对地方新金融企业的业务监管，未来更要通过平台对数据的汇聚和分析，为有金融服务需求的社会各阶层和群体（小微企业、农民、城镇低收入人群等弱势群体）提供适当、有效的金融服务，践行普惠金融这一理念。

为监管企业提供风控信息。“数控金融”平台建立了穿透式监管体系。一方面，为金融办监管提供需要的服务，防止企业自融、拆标、设置资金池、设立虚假投资标的；另一方面，为各类金融企业探查自身资产端风险服务。

首先是在投资的市场准入方面，要穿透审查投资者是否合格。同时，对各种产品的资金来源、资金运用、投资方向，尤其是基础资产方面进行穿透核查，检验投资方向是否符合国家政策方向。其次，对股东资质或项目实际发起人进行穿透审查，穿透识别实际控制人、最终受益所有权人，审查资质，排查和禁止代持、分拆、关联持股、与关联方联合持股或者联合行动等情况，强化对股东的背景、资质和关联关系的穿透性审查，同时进行公司治理的审查，重点是针对关联交易，个别针对信息披露的穿透。

资产端信用画像。“数控金融”平台通过对贵阳互联网金融企业的全量数据抓取和共享，旨在解决贵阳互联网金融领域用户骗贷、多头借贷等行业乱象，短期内的主要目标是实现对个人在贵阳互联网金融平台上的借贷记录共享，长期目标是打造防控系统性风险的深层次、规范性治本工程。

目前，全面接入贵阳市金融办监管范围内的小贷、担保和部分P2P 企业，对上报企业资产端项目进行了大数据分析并推送筛查风险结果和生成信用画像，帮助各类金融企业探知资产端真实情况。

此外，“数控金融”平台通过政府数据的互联互通，以及其他各类型数据源的整合，利用大数据技术，通过海量的标准化及非标化数据对中小企业进行风险量化，做出风控画像，从多维度判断其信用状况，对甄别资产端具有重要意义。对有融资需求的企业进行信用分析，从而实现为与之相匹配的机构（包括银行、小额贷款公司、P2P 等机构）提供资产端，在一定程度上解决中小微企业融资难的问题，为实体经济的发展提供支持。

践行普惠金融。“数控金融”平台通过整合贵阳市各职能部门大数据、运营商全国数据、银联全国交易数据等具有高权威性、高实时性的数据源，通过运用对数据的清洗、加工、建模等手段进行融合分析，与金融机构合作，形成数据产品，在保护个人数据隐私的前提下，尽可能为更多有金融需求的个人提供合适的金融产品。

第八章　治理有序

探索区块链金融合规发展①

① 本章内容节选自杨东教授《链金有法：区块链商业实践与法律指南》一书。

2016年12月15日，国务院印发了《“十三五”国家信息化规划》（以下简称《规划》），《规划》中首次将区块链技术列入国家信息规划章程之中，为区块链技术的研究与实践提供了巨大的力量支撑，同时，也为众多企业及创业者提供了良好的发展机遇。区块链发展已成为互联网和大数据发展的一个潮流。

无规矩不成方圆。区块链技术作为一种分布式系统、一种算法技术的创新应用，本不存在国家监管与法律规制问题，但区块链技术在应用及发展过程中存在法律风险。尤其是区块链发展趋势已势不可当，要想使其发展更加规范化，就需要法律的监管与保障。因此，区块链技术的应用与发展需要在现有法律框架之内，避免碰触法律红线。

中国人民大学法学院副院长、金融科技与互联网安全研究中心主任杨东教授于2015年9月出版了中国第一部区块链金融书籍《互联网+金融=众筹金融》，之后出版《链金有法：区块链商业实践与法律指南》等区块链行业指导书籍，被圈内誉为“我国最早对区块链的应用进行研究的学者”及“区块链第一教授”，对区块链金融行业的法律规范有着深入的研究。杨东教授是贵阳众筹金融研究院名誉院长和区块链金融协会名誉会长，同时也是贵阳区块链金融实践法律方面的专业指导专家，其提出的理论为贵阳市区块链金融运用在法律层面提供了重要指导。

贵阳市与杨东教授共同探索，为区块链金融的合规发展与有序治理不断提供系统的法律支持，为区块链金融将来的成熟应用奠定良好的基石。

第一节　区块链金融实践的法律风险

以前，数据作为一种信息，主要用于传播；现在，数据则是一种资产，关键在于保护，区块链的主要作用便在于数据保护。在大数据时代，区块链技术可以为个人信息及数据交易与保护提供防护网，这也是区块链的价值所在。因此，区块链可以应用于各个领域以加强个人信任度。然而，杨东教授在与贵阳市共同探索区块链金融实践的过程中发现，区块链技术真正普及至各个行业尚需一定的时间，其中不仅涉及诸多的技术问题，还涉及许多法律上的障碍与风险。而诸多问题中，法律问题的解决应是区块链应用落地的核心问题。

尤其在金融领域，区块链技术发展面临的最大法律问题之一就是与现有金融法体系的兼容问题。金融法规制的对象是资金融通过程中所产生的各种法律关系，区块链的出现在很多方面重塑了该种法律关系。区块链技术在金融领域的应用会在很多方面大大提高金融交易的效率。然而，正所谓“福兮祸所伏”，区块链技术在金融领域中的实践也会伴随着相应的法律风险。

票据交易领域

票据，简单来说，是一种兑换证书，其基本用途是商业贸易中的支付结算功能。因此，票据是一种具有严格形式的有价证券，其价值高度依赖票面信息的真实性；另外，票据真实性的验证又存在较大的技术困难。因此，票据的伪造一直是困扰传统纸质票据市场的一个重大问题。

随着电子技术的发展与应用，电子票据的出现受到了市场的欢迎。区块链技术在票据交易中的使用更使票据交易过程中的数据完整、信息透明。尽管区块链技术在票据交易领域可以解决传统票据交易的痛点，但是在其应用过程中依然需要注意法律风险。

区块链在票据市场大规模应用的现实条件尚未完全具备

区块链作为数字票据的重要性技术基础，对投入大规模应用的条件要求较高，这就对数字票据的推出带来了较大的挑战，主要表现为：

一是对能源消耗要求较高。区块链的应用对计算机硬件的要求非常高，高性能计算机的使用必然会增加电力等能源的消耗。

二是对存储空间要求较高。在数字票据交易系统中，区块链要求系统记录发生的每一笔交易信息，并且系统的每一个节点都要实时下载、存储和更新数据信息，从而形成完整、连续和可追溯的数据区块。因此，当交易网络中每个参与者的数据都完全同步下载、存储和更新时，整个交易系统中的各个参与节点都必须有足够的信息存储空间。

三是对抗压能力要求较高。在数字票据市场大规模交易的环境下，一旦在某个时点产生的市场交易峰值超过系统的设计容纳能力，或者超过最薄弱节点的容纳能力，数字票据交易就会自动进入堵塞状态，这会造成重大的、系统性的市场风险。

数字票据市场参与者运用区块链技术进行交易系统对接的难度较大

传统的票据交易系统设计都会建立标准化的开发接口，跨技术平台的系统对接和数据交互可以得到有效的解决。然而，在基于区块链建立起来的数字票据市场中，每个交易节点都代表着市场的一个参与方，并且都会有相应的系统在运行，这就带来了一项重要的技术挑战，即在数字票据发行和交易过程中，能否确保每个交易参与方的系统不仅可以平稳运行，而且能够与区块链中其他系统实现顺畅对接。现有网络技术水平很难应对上述技术挑战。

一种可以考虑的解决方法是，借鉴现行电子票据线上清算与备付金账户挂钩的方式，通过数字票据发行、交易链条中各个网结节点与传统货币账户绑定，实现数字票据交易的清算。但是，这种清算模式是否高效、稳定以及是否可行，也存在着一定的不确定性。

数字化资产领域

1990 年前后，随着互联网技术产业化的发展，数字化资产逐渐出现并进入人们的生活。在信息时代之前，人类的主要资产是土地、生产器械等有限资源，而这些资源的有限性往往会限制社会的发展。进入信息时代后，数字资产具有空间无限拓展性、数量无限可复制性、多维度可塑造性等特点，使数字资产具有极高的可开发价值，资产数字化正在成为目前的趋势。

随着资产数字化、互联网金融的蓬勃发展，信息共享的深度和广度发生了深刻的变化，区块链技术将大大推动资产数字化的进程。资产数字化、互联网金融、区块链这三者是密切相关的，能够起到相互孵化、相互促进的作用。

但是，在我国司法实践中，关于数字资产一直存在争议，这是因为数字资产案件存在取证难、法律法规不完善等问题。如游戏币被盗、网络账号被窃取等事件早已出现，随着资产数字化的进一步发展，将可能出现更多的问题。

2016 年，十二届全国人大常委会第二十一次会议审议了全国人大常委会委员长提请的《中华人民共和国民法总则（草案）》议案说明，并进行了发布，其中明确表示将承认数字资产以及数据信息等成为民事权利的客体。在未来，数字资产将会被全面纳入法律中。目前，国内数字资产正处于快速发展阶段，此类平台的数量呈现攀升的状态，平台之间的竞争也相当激烈，各个平台为了市场占有量、规模和利润的提升纷纷进行了各种形式的杠杆交易和做空。如此一来，数字资产的风险就大大提高了，随着规模的进一步提升，其风险对整个社会经济稳定的破坏将不容忽视。

这种野蛮生长的结果是，泡沫的膨胀和破灭相当频繁，对金融的稳定性造成了不利影响。如果继续发展下去，那么国家将不得不彻底禁止其交易。因此，了解数字化金融资产的确权及交易问题，可以在一定程度上规避区块链技术在数字资产应用上的法律风险。

数字化金融资产权利归属风险。登记在区块链上的数字化金融资产是否具有公信力？能否在区块链上确权，以保证数字化金融资产具有法律效力？当金融资产在区块链上进行数字化之后，区块链上登记的内容将发生重大变化。用区块链登记的股份、债权等不再是本体和权利的二合一形式。股份、债权等财产的本体存在于实体世界，区块链上登记的只是实体世界财产权利的一种映射，可以称作映射资产。拥有相应的私钥，只能保证映射资产在区块链上的支配权，而在实体世界里真正行使权利时，往往还需要公司、政府等第三方的介入和配合，需要法律的介入。

数字化金融资产的认证风险。一个匿名区块链上的映射资产由于缺少资产发行人、持有人等各方的身份信息，便会被认为是法律意义上无效的合同。当资产持有人试图在实体世界中行使对应权利时，难以证明其所持权益的合法性，无法获得有效的法律救济。所以当区块链开始大量承载实体世界资产时，匿名性就成了区块链技术在金融机构、主流企业得到应用的障碍。

实际上，我国的现行法律已经为区块链的实名化提供了完整的法律框架。2005 年颁布的《电子签名法》第十四条就已经确认了“可靠的电子签名与手写签名或者盖章具有同等的法律效力”，并规定可靠的电子签名须满足以下四个条件：

（1）电子签名制作数据用于电子签名时，属于电子签名人专有；

（2）签署时电子签名制作数据仅由电子签名人控制；

（3）签署后对电子签名的任何改动都能够被发现；

（4）签署后对数据电文内容和形式的任何改动都能够被发现。

区块链技术具有去中心化、不可篡改、匿名性等特点，区块链上的用户以私钥进行的电子签名事实上完全符合上述法律要求。

用户只要证明某个私钥（或其对应公钥）持有者的身份，区块链上所有经过这个私钥签名的交易就都是实名化的了。目前最有效的证明方法就是向CA机构（数字证书认证机构）申请一份认证其身份的数字证书。这些CA机构一般都采用和区块链类似的密码学方案。CA机构用自己的证书为个人或公司颁发一份认证其身份的数字证书，证书内包含该个人或公司的真实身份信息以及证书持有者与颁发机构两者的电子签名。这样就可以证明未来用该证书所签署的电子签名是其本人的真实意愿，且在必要时可以公开证书持有人的真实身份。

至此，在区块链上进行要求实名的交易时，双方互相提供CA机构颁发的数字证书即可，并且保证了身份信息只向对方披露。不参与交易的第三方不会获得这些数字证书，也就无法得知双方的身份信息。不想进行实名认证的用户也可以继续使用匿名的账户，但是无法参与到对方要求实名的交易中去。

数字化金融资产的交易风险。在区块链上进行金融资产交易是否具有法律效力？以债权和金融衍生品为例。首先，《中华人民共和国合同法》（以下简称《合同法》）中关于债权转让有如下规定。

第七十九条　债权人可以将合同的权利全部或者部分转让给第三人，但有下列情形之一的除外：

根据合同性质不得转让；

按照当事人约定不得转让；

依照法律规定不得转让。

第八十条　债权人转让权利的，应当通知债务人。未经通知，该转让对债务人不发生效力。

债权人转让权利的通知不得撤销，但经受让人同意的除外。

第八十一条　债权人转让权利的，受让人取得与债权有关的从权利，但该从权利专属于债权人自身的除外。

在《期货交易管理条例》中关于期货交易有如下几条法律。

第二十四条 在期货交易所进行期货交易的，应当是期货交易所会员。

符合规定条件的境外机构，可以在期货交易所从事特定品种的期货交易，具体办法由国务院期货监督管理机构制定。

第二十五条 期货公司接受客户委托为其进行期货交易，应当事先向客户出示风险说明书，经客户签字确认后，与客户签订书面合同。期货公司不得未经客户委托或者不按照客户委托内容，擅自进行期货交易。

债权转让和期货交易对于权利的转让规定是不同的。这里，期货交易作为场内交易的代表，债权作为场外交易的代表。在场外交易中，只要在区块链上完成了债权转让，债权的转让也就实现了。但是场内交易不同，例如，期货的交易就必须在期货交易所内进行，这是一个必要条件。所以即使在区块链上进行了交易也没有效力，这是数字化金融资产在区块链上进行交易时不可避免的问题。

由于目前区块链的金融资产交易主要是在初创企业和中小企业之间进行，所以这个问题没有对现阶段区块链上的数字化金融资产交易应用产生较大的影响。但是考虑到市场的协调统一问题，未来的数字化金融资产交易不可能是完全割裂、分离的。因此，有必要将场内交易和场外交易整合到一个先进的系统中去，这就需要国家的支持推动，将区块链技术更为合理而广泛地运用到各类数字化金融资产交易的机构中去，更好地服务社会大众。

保险领域

现代保险具有转移风险的功能、合理避税的功能、财产信托的功能以及稳健的投资功能，它将不确定变为确定，通过合理避债避税，达到财富传承和资产保全的目的。作为一种风险财务转移机制，保险已经有几百年的历史了。

随着大数据技术、云计算技术等的广泛应用，海量非结构化数据得以有效处理并真正具有了商业化价值，这成为保险行业个性化、场景化发展的基础设施。然而，在这个过程中有一个问题不容忽视：在数据的几何级增长及利用的过程中，数据被盗、被篡改的可能性升高，数据真实性难以得到保证；同时用户的隐私泄露风险也在提高。区块链技术则可以在一定程度上解决保险行业的上述问题。区块链具有可追踪、不可篡改等特点，所以存储于区块链上的信息不会被篡改。而且它基于密码学，使用公钥、私钥等加密技术，使外人无法查看数据的真实拥有者。正是基于这种特点，区块链可以为保险行业提供许多场景化的服务，解决当前的痛点。

但是，由于区块链属于新兴技术，企业在推进过程中有许多法律上的不确定性，目前较具争议的是智能合约效力问题。

智能合约的概念来自技术界，而非法律专属名词，其是否具有《合同法》上的合同效力，目前尚不明确，仍处于讨论之中。采用智能合约技术的区块链保险公司必须签订符合《合同法》所规定的合同，在智能合约效力问题还未明确的现阶段，这是保障客户利益的重要方式，也是保证公司稳健发展的保护形式。

保险智能合约实为一组能够自动执行的计算机程序，内容为保险人与投保人所签订的保险合同。保险智能合约与保险传统合同共存，两种形式的合同内容共存就可能导致问题的发生。

首先，保险消费者相较于保险人处于弱势地位，不仅欠缺保险产品的知识，而且不了解区块链等更加技术化的和专业化的知识，无法充分预测和认识自身所要承担的风险。

区块链技术尚处于发展初期，在对可能暴露的技术风险还未充分了解的情况下，保险消费者有必要充分了解此项技术对自己投保的影响，保险公司应尽到充分的说明义务。

其次，写入区块链的内容与原本签订的合同内容不一致的情况有可能会出现，并通过自动执行而损害保险消费者利益。这种不一致的风险可能来自保险机构的故意或操作过失等，同样也有可能来自网络攻击。

因此，即使区块链能够实现自动执行，在后续履行合同的过程中，也必须要有相关的主体参与。例如，在缴纳保费、理赔等阶段，必须在有数方合法签名的情况下，才能触发代码并执行下去。

供应链金融领域

供应链金融是指为了适应供应链生产组织体系的需要，金融机构或企业基于综合性电子信息平台提供的一系列贸易融资服务。供应链金融是银行从整个产业链的角度开展综合授信，并将针对单个企业的风险管理变为对产业链的风险管理，其本质是贸易融资的延伸和深化。

作为一项金融创新，供应链金融不仅能够解决由全球性外包活动导致的供应链融资成本居高不下以及供应链节点资金流瓶颈的问题，还能够缓解后金融危机时代日益凸显的中小企业融资难的问题。

区块链技术在供应链金融领域的应用可以使供应链更加透明。

但这并不能成为人们忽视区块链技术在供应链金融领域应用过程中的法律风险的理由。

电子证据的效力问题。区块链介入供应链金融后，为实现快速交易，双方需要在互联网条件下完成合同的签订，其中涉及的中间环节证据都将以电子证据形式存在。传统上，电子证据存储在计算机或其他电子介质中，很容易被删除、篡改。因此，目前国内关于电子证据的保留、认证、固定、采信等法律规定尚不清晰，实务中对电子证据具备法律效力的条件要求也较为严苛，这些因素制约着行业发展。

区块链虽然从技术上保证了其中的数据不会轻易被删除、篡改，但是这种技术上的可信度还没有转化为法律上的可信度，区块链上的电子证据没有法律上的可采信性，这使区块链的应用举步维艰。企业在应用区块链技术时，需要解决这一问题。对于上传到区块链上的电子证据、电子合同，企业需要以其他方式证明其可信度，以满足在纠纷发生时的需要。

个人信息保护问题。杨东教授在“2018 年区块链技术落地应用先锋论坛”上表示：“隐私保护是基础设施。过去 20 年，对中国互联网最大的诟病就是滥用个人信息，互联网在未来的发展首先就是保护好隐私数据信息，在万物世界的互联状态下保护隐私，这是区块链的价值所在。”然而，利用区块链技术打破供应链金融的信息瓶颈，势必要在区块链上存储巨量的核心企业和关联企业的信息。在现行法制条件下，这可能会面临一些规制问题，可能涉嫌侵害个人信息。

企业在区块链上保存个人信息时应妥善保管私钥，建立完整的安全防控体系，防止私钥泄露、遗失，以免不法分子盗用私钥，从而窃取用户个人信息。

P2P 领域

P2P 又称点对点网络借款，是一种将小额资金聚集起来，借贷给有资金需求人群的一种民间小额借贷模式。P2P 属于互联网金融产品的一种，是一种借助互联网技术实现网络信贷及相关理财行为、金融服务的平台。

自 2013 年以来，P2P 在我国飞速发展，同时也带来了很多法律问题。因此，监管层也在根据实际情况不断地对 P2P 行业进行调整，并出台了相应的法律法规。如果区块链应用落地，那么新的法律问题又将出现。目前，国家对 P2P 的监管是随着行业的发展而逐步完善的，但是在区块链落地之后，P2P 行业还将遇到新的问题。

首先，区块链落地 P2P 领域后会通过智能合约来实现交易，智能合约可以将借款人的需求和投资者的投资信息相匹配，并通过设置好的交易流程去执行，从而实现 P2P 高效、智能化地运行。智能合约是利用计算机代码在合约方之间阐述、验证和执行合同；典型合同是用自然语言起草的，而智能合约的条款是用代码表述的，类似于 Java 或 HTML 的编程语言，之后这个合同由计算机“执行”；按照协议条款和一系列定义型输入，智能合约自动执行各项条款。“智能合约”的概念一般用于统称任何区块链上运行的程序或脚本，但在 P2P 领域中，其狭义解释为用代码替代合约方的传统合同。简单地说，“智能合约”就是一个预先编辑好的“数字语言记录的条款”，一旦被触发，“智能合约”就执行相应的条款或记录条款是否被执行。

传统民法普遍认为，合同成立的主要要件包括：合同当事人具有相应的民事权利能力和民事行为能力；合同当事人意思表示真实；合同不违反法律或者社会公共利益，具备法律、行政法规规定的合同生效必须具备的形式要件。其中，争议最大的当属“合同当事人意思表示真实”这一条，智能合约通过代码的方式来表达，代码是否能够表达当事人的真实意思，这一点仍值得商榷。

因此，需要新的法律法规来保障智能合约的法律效力，此外，建立在区块链技术之上的智能合约会遵照程序规则得到严格执行，这将会导致智能合约的灵活性不足。对此，企业应该灵活应用智能合约。第一，智能合约的设计应当符合《合同法》的要求；第二，要避免因代码问题而导致合同当事人意思表达不真实；第三，鉴于该技术仍不成熟，用户对其也不够熟悉，平台应该对使用者提供应有的协助，履行说明解释义务。

即使存在如上所述的各种局限性，智能合约在落实法律约束和执行方面的优势仍不容忽视，它在违约、跑路频发的 P2P 领域将发挥极大的作用。

其次，区块链应用落地 P2P 平台之后，交易流程将是自动化的，由计算机程序和语言控制，因此操作性和技术性的失误也不能完全避免。如果出现问题，系统将按照错误的程序继续执行，可能会放大单次失误带来的影响，并且修正这些失误带来的损失需要付出较大的代价。这是传统 P2P 行业并不存在的问题，法律如何对损失和责任进行合理的划分是区块链应用落地后需要解决的新问题。

科学技术的发展可以带动各个产业领域的快速发展，但如果缺失了制度上的保障，在法律层面上不能确定新兴技术的合法地位，那么技术的进一步发展也会遇到诸多瓶颈。区块链作为一种可能改变未来人类生产生活方式的新兴技术，尚未形成较成熟的体制，在其落地应用的过程中存在法律问题是不可避免的，因此，需要探索其治理思路，在制度层面为新技术的发展与应用保驾护航。

第二节　区块链金融风险治理思路

区块链技术从萌芽、发展到成熟、落地应用，不同的发展阶段会面临不同的法律风险。具体而言，在区块链技术发展初期，由于尚无法律规范对该内容进行监管，区块链技术自身的行业技术标准也难以迅速构建，传统法律在很多问题上会逐渐凸显不足与缺陷，从而产生“无法可依”的现象，也会导致法律适用真空的风险。随着区块链技术的进一步快速发展，“区块链+金融”促进了金融业的不断演变与创新，但金融监管与立法的相对滞后的风险，增大了区块链与金融结合的落地实践的难度。如何化解技术进步与法律风险之间的矛盾，需要全行业与监管层共同探索，研究出一套科学的风险治理理念、合理的治理模式，降低区块链技术在金融领域落地的法律风险。

因地制宜，治理契合技术

区块链源于一种密码学原理，通过与互联网技术和软件开发相结合，在计算机硬件的支撑下，区块链得以在比特币等虚拟货币早先案例中得到实际应用，并且至今在虚拟货币领域仍然是最主要的应用。区块链的技术原理决定了区块链具有非中心化的特点，通过全网分布式存储的方式管理信息，通过共识机制来建立信任，以机器间建立的信任网络替代人与人之间所缺乏的信任。同时，区块链上的信息完全透明，自区块链上的第一个创世链起，其链上的每一笔交易都记录在区块中，任何交易者的历史交易记录都可以公开追踪、查询；区块链上存储的信息难以被篡改，每个节点上都有一套完整的数据拷贝，篡改者必须掌握全网51%以上的节点，才能窃取存储在区块链上的信息，单个节点的更改并不能发挥作用。区块链还具有开放性和匿名性的特点，除了各节点真实名称等私有信息被加密外，其他所有信息都被公布在全网上。

在新的金融业态中，区块链应用的监管、风险治理所运用的思路和手段应适应区块链的技术特性，并有所调整创新。区块链技术中非对称的公钥、私钥加密技术，决定了区块链上交易者身份的隐蔽性，区块链分布式存储和集体共识的算法机制，决定了区块链上的交易不可篡改、交易进程不可逆转的特性。区块链强调非中心化，并没有像传统交易体系、交易平台那样存在一个中心化的中介或公共秩序的管理者，所有参与者的共识和公用的协议都是区块链体系规则的组成部分。因而，对区块链上的风险治理不能再沿用传统中心化系统的老路，而应把握区块链共识系统的机制特征，改变风险治理手段。

杨东教授表示，作为一个新兴事物，区块链技术在金融领域应用的风险是难以避免的。应正确认识区块链发展中可能存在的风险，接纳包容风险所带来的不确定性，并勇于直面风险，用智慧和规则将风险损失降到最低。企业以追求利润最大化为目标，难免会产生利润归自己、风险归社会的逃避责任态度。普通消费者往往是盲目的，容易被对高收益的贪婪和对风险的恐惧所主宰。监管者作为公共利益的代表，应积极主动地发挥政府资源优势，客观理性地处置风险，发挥主导作用。

区块链金融的风险中最主要的还是安全性问题。以相对常见的基于工作量证明的共识机制的区块链为例，其要面临的是超过其全网算力51%的攻击问题，一旦攻击者以超过区块链上一半的算力发起攻击，就能实现对同上资源的破解，实施双重支付等有害行为。以比特币为例，理论上以如此巨大的算力进行攻击将得不偿失，调动如此多算力的成本将远远大于窃取比持币的收益，但这是以比特币用户数量、链上节点众多为前提的。因而，当区块链技术应用至金融领域时，应该保证区块链上已经链接了足够的算力，保证链上算力和链上承载的资源价值相适应，保证暴力破解的成本高到足以威慑不法分子。

在金融业务的实质要求方面，传统线下业务在区块链上的扩展不能成为监管的盲点，线上线下应保证监管的一致性，否则将留下监管漏洞，为不法分子进行监管套利提供空间。传统观点认为，交易中对对方姓名、真实信息了解得越透彻，越能降低风险。区块链则用系统中各个节点机器间的共识机制替代了人与人之间的信任机制。对于区块链上交易行为的监管，不能再用传统的交易市场管理思路进行监管。

传统上的监管通常依靠交易者或者交易中介、机构向监管者主动申报。传统交易市场监管对象复杂、数量众多，由监管者主动到场去收集核实信息会带来巨大的成本，而传统监管体系下，未进行申报可能会引发一些后续责任，因而监管对象通常有动力及时进行申报。对应用区块链技术的交易市场的监管，由于区块链的匿名性，区块链的应用者不再被动地依靠交易当事人申报，而是可以主动地成为链上的一个节点，监听链上广播信息，更新全网总账，掌握全网动态。

一方面，监管者通过区块链节点获取的信息是真实的交易信息，可以避免申报者通过造假方式获取不当利益、回避监管的情况。区块链的数据广播协议决定了当任何一个区块数据生成以后，都将由该数据节点向全网广播到所有节点，只有经过广播并获得全网多数节点验证的信息才会生效。通过区块链节点获取的信息和真实的交易内容不会有任何区别。另一方面，通过监听节点，相较于交易当事人申报，能够提高获取信息的效率，从而为监管者及时做出决策提供便利。

思路创新，提升治理药方

随着区块链的发展，市场对区块链的热情和期待不断提升，对区块链的投资不断增加。根据统计，2015 年美国资本市场在区块链领域的投资达到 7500 万美元，比 2014 年增长了一倍，预计到 2019 年这个数字将达到 3. 25 亿美元。与市场的高期望相比，区块链至今仍然缺乏一个“杀手级的应用”，种种现状让人不禁联想到了 20 世纪 90 年代的科网泡沫。围绕区块链风险治理的特别之处，应对风险治理监管思路进行创新再升级，以促使市场在保持理性的同时健康可持续发展。

应对区块链技术制定出相应的技术标准。一方面，这是扩展区块链应用的现实需要，线上通过区块链的交易落实到线下需要多方面的配合，技术标准的不统一容易引发系统的错误、混乱等风险，在这方面应明确数据接口、共识机制、分布式记账、规范智能合同的计算机代码等标准，以提升区块链应用的效率；另一方面，应明确区块链应用于不同场景时应内化嵌入的监管规则，包括加密的程度、链上应具备的最小算力、交易的频率数额上限、登录的 IP 地址限制等规则。

要建立智能合约条款的行为规范。建立行为规范是为了排除不规范以及存在漏洞风险的计算机代码，充分发挥智能合约的规范作用，通过分析交易参与者的行为，触发合约的特定后果。智能合约面临复杂的市场环境，对智能合约的潜在风险，要分析其种类、概念和手法，分析其在市场常态和极端情况下的反应，充分了解智能合约广泛适用后对金融服务的合规性及对市场的影响。智能合约不仅应能满足交易各方的需要，而且能通过大数据判定、分析、识别可疑交易行为，从正常交易中筛查阻止利用区块链进行洗钱、犯罪等的违法行为。

行业组织应制定行业自律指南。杨东教授在“2018 年区块链技术落地应用先锋论坛”上同样表示：“ 目前很难修改法律。怎么通过区块链实现部分的法律功能？就是要自律，行业自己发动起来，自己制定标准。”行业制定自律指南可以促进行业成员对违规行为自查自纠，给予市场明确的预期。尽管还不成熟，但现在区块链技术已经在某些领域表现出明显的优势，银行利用区块链进行交易和记录管理，能够降低成本、防止篡改；会计师事务所利用区块链能够实现及时审计，并降低人工查账的工作量。

目前区块链技术仍处在发展之中，其未来的广泛适用是大趋势。但是，监管者应促进市场成熟理性地看待区块链技术，确立行业标准，引导市场根据产品功能和特点来应用区块链技术，防止市场出现盲目跟风、扰乱行业秩序的行为。尤其是，区块链应用目前还存在一些固有的缺陷，区块链分布式存储导致总账在网络上被冗余存储，和中心化系统相比占用了更多的硬盘空间，而且区块链上不同节点间的信息广播也占用了大量网络带宽，在比特币中，矿工“挖矿”时的海量运算也将消耗大量电能，而这些运算除了竞争记账权外，并没有创造任何实际的价值。监管者应引导市场，注意权衡区块链带来的降低成本、提高交易效率等积极效果和应用区块链带来的弊端。

根据金融领域不同行业的区块链应用进行系统、分类监管，不留监管死角。区块链等新兴技术在保证为其提供合理发展空间的同时，也不能成为逃避监管、进行监管套利的工具。在美国，部分区块链从业者以美国第一宪法修正案中关于言论自由的条款为名对抗监管，但普遍的看法认为，区块链中凡是涉及财富、商品、证券、支付的记录和转移的内容，就不再属于宪法修正案中言论自由的范畴。金融领域的不同行业有不同的准入门槛、监管要求，区块链在金融领域的应用应抓住金融市场的发展趋势，借鉴在线的区块链应用案例，探索可能的监管途径。

原则正则监管正

监管的目的是防范风险、维持秩序。对区块链技术本身，监管的根本意义在于引导和支持区块链技术的稳健发展，以促进区块链获得更为广泛的认可，作为一项从密码学和信息科学延伸出来的技术，只有和具体行业、具体实践相结合，才能展现出优越性。区块链技术的发展将会在多大程度上改变现有的金融行业，充满了不确定性，针对其涉及的法律风险，不仅要有相应的治理思路，而且要在治理的基础之上加强监管，进行风险防范。因此，监管部门针对

“区块链+金融”的监管需要考虑以下几种监管的基本原则：

坚持鼓励创新与防范风险相结合的监管原则。针对新技术，不能采取过早过严的手段抑制创新，而应当尊重市场发展规律，监管者应当拥有相当的风险容忍度。历史上，欧洲的经济曾经被创新的逐渐减少所影响，因为当创新手段出现时，监管者总是出于保持稳定性、避免欺诈等考虑而忽视创新。

区块链技术作为一种创新的技术，将促进“互联网+”深化发展，作为互联网金融发展过程中新的突破口，它能够进一步优化和凸显互联网思维及其精神。除此之外，区块链技术可以实现信息的可追测、点对点的信息交流，其重要性甚至超过了单纯的大数据统计，相比静态的大数据，不间断的数据流更有价值。

区块链的这种技术创新优势可以让广大的消费者受益，也可以让行业极大地降低运营成本；同时，创新过程中的技术风险与不足不应该成为否定该技术应用可能性的原因与依据。为了实现鼓励创新与防范风险相结合的监管模式，可以考虑通过原则性监管鼓励创新，同时利用较为具体的规则性监管划定风险红线。因此，鼓励创新与防范风险应当相互平衡、协调，这应成为对创新型技术进行监管的基本理念之一。

逐渐从准入式监管向技术驱动型监管转变，即技术治理与法律治理相结合原则。所谓准入式监管，主要是应用金融行业的监管模式，监管机构重点关注金融机构是否满足特定的准入条件，对不同类型的金融业务设立不同的准入门槛，不满足特定条件则不能从事特定类型的金融服务。考虑到区块链具备的一系列特性，通过对适用区块链技术的主体进行门槛限定来进行监管显然是不现实的。因此，可以参照互联网治理的新思维，对区块链的监管采取技术驱动型监管，即采取监管技术基础设施标准指引、风险预警、风险评估和风险规制等措施，建立规范化的区块链技术标准，依照技术标准进行监管，维护信息安全和网络技术安全，建立完善且持续的技术风险预警、评估和整顿机制。

此外，应当加强防火墙、数据加密等技术防范措施，在攻击发生的第一时间采取应急措施，将风险降到最低。比如，著名的以太币平台 The DAO 被攻击事件，直接导致了该平台的关闭，同时给投资者带来了巨大的经济损失。因此，要建立入侵监测、灾难恢复等网络安全设施和管理制度，完善技术风险规章制度，采取完善的技术手段和管理制度来保障信息系统安全稳健运行，并进行定期检查监督。

坚持软法监管与柔性治理监管相结合的监管原则。“软法”一词最早起源于国际法领域，是一种有别于传统模式的现代新型公共治理模式。相较于有国家强制力保障实施的“硬法”而言，“软法”是指没有实证法的法律拘束力，无须依靠国家强制力保障实施，但能够产生社会实效的法律规范。“软法”通常是人类共同体通过其成员参与、协商等方式制定或者认可的，其内容具有一定的民主性、公开性、普遍性和规范性。“软法”的兴起体现了一元的国家管理到多元主体的公共治理的转变，法的实效性与国家强制力脱钩，政府不再是合法权利的唯一来源。

20 世纪以来的互联网技术的发展使国际问题日益突出，“软法”的价值就体现在为国际问题的紧张和冲突提供了对话空间，使建立全球性统一监管框架成为可能。区块链作为一项新技术，具有许多创新性因素，其诸多应用场景会给许多行业带来颠覆性的变革，但是若严格将现有的法律条文适用于区块链技术中，则可能会阻碍技术的革新，同时无法有效地降低社会成本，甚至导致高昂的执法成本。因此，区块链领域的监管不宜采取强制性的硬法，而应以软法配合柔性治理，在一定区域内形成新的契约、公约，逐渐确立行业技术标准，进而发展成为规范整个区块链技术发展的法律监管规则。另外，结合前面提及的区块链技术萌芽期的法律适用真空风险以及后期的法律过度监管风险，软法监管的模式可以给予区块链技术发展足够的空间，在技术相对稳定后再进行较为具体的监管。

坚持消费者保护和消费者教育相结合的原则。将区块链技术应用在金融领域时，消费者的保护与教育就显得格外重要。区块链的非对称加密机制随着数学、密码学和计算技术的发展而变得越来越脆弱。比如，区块链系统内各节点通过类似电子邮件地址的标识来实现数据传输，这种并非完全匿名的安全性问题，也需要对使用区块链技术的金融消费者进行说明。特别需要注意的是，区块链技术有较高的技术水平，需要极为专业的知识储备，因此要加强消费者教育，可以考虑建立消费者教育基地。总而言之，对消费者的教育与保护不仅是互联网金融领域的一大基本原则，而且是对区块链技术应用在金融领域进行监管时需要秉持的重要监管原则。

金融科技的发展日新月异。然而，金融科技的有效运行，需要相应的治理和规范机制，以确保技术与金融的融合，保障金融服务的效率。“区块链+金融”给金融监管增加了难度，监管者应理性地制定风险治理思路及监管原则。同时，更需要从法律层面思考监管策略，以确保未来区块链技术在金融领域的发展有法可依。

第三节 区块链金融法律监管策略

亚里士多德曾用哲学的思维去理解法律："法律就是秩序，有好的法律才有好的秩序。"法律用于维护秩序。如今，区块链技术的崛起，使各个领域对其虎视眈眈，各行各业都对区块链技术的应用跃跃欲试，区块链技术的应用终将呈现井喷式发展。目前的区块链由于技术的不完善以及不稳定等特性，其应用仍然面临着很多安全风险、技术风险甚至法律风险，为了整个市场经济的稳健运转，区块链技术在各领域的应用应受到法律的监管，以确保其应用的有序发展。当技术逐步发展到监管者可以进入区块链的每一个节点，能够实时对交易以及数据存储等进行监控时，一种新的分布式监管模式就有可能被构建起来，这也是区块链技术非中心化特性的体现。

监管政策的三种模式

区块链本身被认为是可信赖的技术，区块链技术从根本上改变了中心化的信用创建方式，如果利用可信赖的技术足以实现行业的健康发展，那么就无须投入更多其他资源、创立其他监管模式。而目前区块链技术无法实现对自身风险的监管，因此对区块链技术实施法律和政策监管就是必要的。区块链治理中的核心工具是代码，监管者可以通过设计不同的代码来满足不同节点之间的交往规则和数据信息的传播与存储机制。杨东教授通过对区块链技术应用监管的研究发现，世界上主流国家对区块链技术的监管政策主要模式大致可以分为严格、限制与放松三大类。不同的监管政策体现了对待创新与风险的不同态度。

第一种监管模式是对区块链技术的严格监管，这体现的是较为传统与保守的监管理念。以区块链技术在金融领域的应用为例，由于 2008 年金融危机等历史原因，一些国家对待技术创新尤其是金融领域的创新一般都保持着非常谨慎的态度，担心技术创新应用到金融领域后产生资本外逃的现象，因此对区块链等新型技术的监管采取审慎的监管态度。这种严格监管模式的优点是可以最大限度地防范风险，可以及时遏制新技术应用初期会暴露的安全性问题，但这种模式不可避免的缺点就是在审慎监管原则的指导下，合规标准和内控要求不断提高，导致成本提高而效率降低。另外，严格监管会导致技术创新速度被延缓，这在我国现行鼓励“大众创业、万众创新”的政策背景下是行不通的。

第二种监管模式是对区块链技术的放松监管，这体现的是对区块链等技术创新采取比较开放和包容的态度。这种“创新加速”或者“创新中心”模式是指政府部门或监管部门通常会选择与业界合作，并且提供资金与政策支持，目的是加快区块链等金融科技创新的发展和应用，如搭建“区块链孵化器”，在政府支持的基础上搭建创新平台。这种开放式监管主要是在欧美等发达国家，其市场环境相对宽松、有活力。

以英国为例，2016 年 1 月英国政府在发布的《分布式账本技术：超越区块链》报告中指出，任何新技术都会带来挑战，重要的是处理好领导、协作和治理之间的关系。澳大利亚政府更是对区块链采取积极支持的态度，澳大利亚储备银行行长曾经表示为了培育金融创新，对区块链技术暂时不实施特别的监管程序。这种较为宽松的监管模式是“创新中心”的一个重要表现，政府采取积极支持的态度，一方面有助于区块链技术在降低运营成本、减少道德风险、提高透明度以及促进资本自由流动等方面进一步深化，另一方面也要警惕这种监管模式在风险防范上的不足。

第三种模式是一种较为折中的限制监管，即“沙盒监管”模式。这种模式以新加坡为代表，是为金融科技产业的各种新模式、新业态、新理念等提一个“试验区”，让银行等金融机构和初创企业在这个既定的“安全区域”内试验新的产品与服务模式，在对参与试验的产品和服务适度放松约束与管制的同时，又有一定的边界。这种监管模式一方面可以鼓励科技创新，不阻碍新技术的发展与应用，给新技术试错的空间；另一方面又可以将风险置于可控范围之内，保障消费者的合法利益，避免系统性风险的发生，体现了此种监管模式的优越性和可操作性。

另外，谈及如何监管区块链公司，美国的特拉华州州长杰克·马克尔（Jack Markell）曾经表示，特拉华州试图避免使用传统的规范监管，而是考虑这个新型工业实际如何运转。他认为监管者总是过早地介入从而承担阻碍创新的风险，他鼓励特拉华州的商业组织尝试运用分布式账本和智能合约的技术。除此之外，马克尔还提出了平衡监管，即平衡技术发展与法律规制。考虑美国每年有85%的IPO都是特拉华州的企业，因此在特拉华州的公司中推行智能合约可以为消费者和企业降低交易成本，同时能够更好地管理和减少风险。

严格、限制和放松这三种监管模式呈现了不同国家对待区块链技术发展的不同态度，每个国家根据其相关政策以及发展策略对区块链实施相应的监管策略。对中国来说，区块链技术的发展与应用尚未成熟，其法律监管策略仍需相关部门积极探索，以便更好地规范区块链技术在各领域的应用。

中国语境下探索法律监管策略

区块链作为新兴技术，改变了传统互联网的中心控制模式，分布式存储方式体现了其高度自治的特性，实现了由一中心到多中心的演变。区块链的发展也使间接适用的相关行业法律法规显得不够完善，新的监管方向、监管手段会随之产生。

我国对区块链技术的管理从整体上呈现出从绝对限制、严格禁止的模式到逐渐放开的"沙盒监管"模式的发展趋势。

杨东教授认为，在区块链技术不断得以应用的今天，国家应从立法层面对区块链技术可能面临的基础性普遍问题作出规定，以法律形式明确：对区块链系统如何进行监管，对区块链系统进行攻击与破坏是否属于传统的网络犯罪，攻击银行系统等金融系统要承担怎样的法律后果。因此要完善基本法律制度，以法律的形式明确区块链技术的合法地位与法律性质。

结合上述境外各个国家和地区的区块链技术法律监管模式以及基本的监管原则与理念，在中国语境下，可以从以下几个方面构建我国对区块链技术的法律监管策略。

监管思路由硬性思维转变为柔性思维。对待区块链这种新生事物，监管思路也应从传统的硬性监管思维转为一种柔性的监管思维，以便该项新技术既可以适度创新、扩张，又可以划定边界，使其在一个弹性的扩展空间内稳健地发展变化。在可控的测试环境中对金融科技的新技术进行真实测试，即通过"沙盒监管"的模式检测新技术应用于不同行业所产生的效果，这种方式有利于新业务的快速落地。同时通过检测与核查，有利于在技术落地初期进行持续性测试与调整。具体的方式可以参照新加坡金融管理局的做法，在“沙盒监管”中登记注册的金融科技公司，只要事先进行报备，都可以允许其开展与现行金融法律法规有所冲突的FinTech（金融科技）业务，包括对区块链技术落地应用的测试。同时，要注重完善沙盒退出机制，即区块链技术的应用测试不得不中止或者是在退出沙盒后，这一战略可以在更大的范围内实施，这种退出申请应当被准许。尤其是在中国，不仅应当明确互联网金融与金融科技之间的关系，而且应当学习借鉴新加坡这种先进经验，从而在多方面建构金融科技的生态系统，比如，建立专业化的管理机构、明确特定的发展目标、提供资金支持，整合国内外市场资源，充分发挥政府、市场及企业的作用。

对区块链技术的特性进行分层监管。区块链分为公有链、私有链、联盟链三大类型，其中，公有链对所有人开放，任何人都可以参与，私有链只对单独的个人或者实体开放，而联盟链则是对区块链联盟中的特定组织团体开放。每一种形式在具体应用中都面临着不同的风险，针对不同类型的区块链采取不同的监管策略则是分层式监管的重要体现。

简而言之，从公有链到联盟链再到私有链，监管的力度应由强到弱。在监管层面上，要兼顾内部技术监管与外部法律监管。区块链金融领域的治理规则可以分为两个层次：一方面总体技术上的监管由区块链参与者设定的规则组成，包括各种软件、协议、程序与算法等技术要素；另一方面由法规框架、法律条文，行业政策等组成。二者的有效结合有助于推进基于区块链技术的各种商业应用场景的落地，有利于保护区块链联盟参与者、消费者、行业以及整个社会的整体利益，构建由监管机构进行保障的、服务于各个商业机构以及消费者共同参与的完整的商业体系。

要将行为监管、功能监管与审慎监管相协调。传统金融法律监管包括审慎监管和行为监管。英国、澳大利亚以及美国等国家的金融监管改革经验表明，审慎监管和行为监管应该成为金融法律监管的重要内容。这一点同样适用于金融科技创新的监管，考虑到区块链技术的专业性，应该在把握其特点的基础上设置必要的门槛，由于区块链自身具有自治性的特点，因此，要改变过去审慎监管的模式与思维，更加强调行为监管和功能监管，坚持宏观与微观相结合，以消费者保护为核心，加强行业自律监管，完善信息工具的风险规制作用，建立事前监管预警监测体系，突出大数据的监管，防止出现监管真空。

随着区块链技术的日趋成熟，我国可以逐步迈向技术驱动型监管。杨东教授曾表示："既然监管对区块链发展产生较大的不确定性，那么由此往往引发社会将焦点集中到监管，通过判断监管的动向来分析相关行业未来是否有机会。如果简单地按照这种逻辑，那么当前巨大的监管不确定性可能使得企业停止相应的创新，未来区块链的发展可能大幅减速，甚至出现停滞不前或者倒退的局面。"

事实上，不能简单认为监管就是打压或者利空区块链，而是要厘清区块链与监管的关系。区块链发展到今天，虽然监管对其有着制约或者负面影响，但监管并非对区块链都是利空，区块链未来如果要朝着健康的轨道大规模发展，那么适当的监管机制将是必不可少的组成部分。从这个角度看，我们不能产生监管恐慌，而是要理性看待监管的积极作用。

因此，适度的监管不仅不会对区块链构成利空，反而可能是利好。当然，这种监管必须根据区块链的进展而不断调整，适应不同阶段的要求，在区块链尚未成熟之前，监管应着力服务于区块链的健康发展以及对可能存在的风险加以防范和预见，杨东教授一直建议借助监管科技，即“技术驱动型监管”，从而进行主动的、动态的、分布式的、及时有效的监管。

技术驱动型监管有两大优势：首先，不再进行预判型监管，而是随着金融企业的风险变化进行实时监管，改变传统审慎监管的准入式门槛，为金融的持续创新、发展创造条件；其次，采用可控、可编程、可技术监管的手段，让金融数据和监管者实现实时触达，让监管者掌握行业的实时动态，从而能够及时了解资金流向。通过技术驱动型监管，能够实现监管的逻辑自洽，降低事前监管，放松准入，促进金融科技发展所带来的金融脱媒。新金融改变了金融机构的形态，新的金融信息中介的产生和旧的金融机构有本质上的差异，用传统管制型监管会阻碍其发展创新，通过技术驱动型监管改变管制型监管的强制性特征，变被动监管为主动监管，提升监管者的信息获取能力，打破监管者和金融机构间的信息壁垒，使政府能够及时采取措施来应对经济危机，为宏观审慎监管的决策制定提供便利。

在建立区块链之初，监管者可以与技术人员一道参与代码编写，将法律法规的理念和具体内容内化到代码中。比如，可以将证券法及相关法律规范中对投资者准入的标准、非公开募集人数标准、融资额上限等规定，通过初期编写代码的方式内化到区块链的程序中。

在中国语境下探索区块链的法律监管策略，是对区块链技术在中国发展的一种“对症下药”，以上提出的几个方面并非是全方位的探索，区块链的发展可以被视为未来互联网发展的自然延续，与其相关的法律监管策略仍需根据其发展进行补充完善，从而让人们在安全模式下，真正进入万物互联的时代。

一个新事物或者新现象往往会极大地促进理论边界的拓展，区块链属于新一代互联网技术，具有颠覆性的潜力，将会重构互联网，给网络空间发展注入强大的动力。因此，区块链技术的发展更值得人们关注与期待，这是千载难逢的发展机遇。贵阳市顺应时代的潮流，积极布局区块链金融，依据杨东教授的理论支撑，探索区块链金融领域的监管之方。

由此，从法律风险到治理思路再到法律监管策略，都是贵阳市在区块链金融实践的过程中“摸着石头过河”的探索。他们通过认真研究区块链金融落地过程中可能存在的法律风险，形成治理思路，以确保对区块链金融治理有序，使其在现有法律框架下合规发展。

目前，贵阳市对区块链金融的落地虽已形成初步框架，但其体系仍在不断完善。贵阳市积极探索与完善区块链金融的发展体系，希望其能成为区块链技术应用的标杆，为贵阳、国家乃至全世界的区块链技术发展与成熟提供经验，更为人类社会进入万物互联的新时代增添助力。

后　记

《大数据区块链金融——贵阳的实践与思考》一书的出版，主要是从理论支撑、政策支持、学术研究、区块链联盟组织、区块链金融产业基金、场景应用、区块链金融风险防控、区块链金融合规发展等层面，争取对贵阳的大数据区块链现代金融的实践努力做出较全面的总结和较系统的思考梳理。

本书的每一个章节就像一个区块链节点，既独立成章，又与其他章节相互融通。借此机会，我们要向本书各章节创作者付出的艰辛努力致以诚挚感谢。特别是曹彤、罗尧重、艾文华、王恒壮、梅林、刘建华、朱国辉、刘锐、曾途、徐婧、郭波、罗虹、郑斌、陈林、庄士鹏、赵砚瀛、顾天安等，以及中宣创展（北京）文化传媒有限公司的罗宇带领的创作团队。其中大部分同志既是贵阳大数据区块链现代金融体系的建设者，又是本书的共同创作者。当然，我们还要对中国人民大学金融科技与互联网安全研究中心、贵阳市金融办、贵阳互联网金融特区管委会、区块链金融协会、《大数据金融》杂志、贵山基金、贵阳银行、瀚德金控、区块链联合发展组织、贵阳互联网金融协会、贵阳众筹金融交易所、贵阳互联网金融产投公司、众筹金融研究院、贵阳大数据交易所、BBD（成都数联铭品科技有限公司)、贵阳移动金融协会、贵人大数据公司、蓝石科技、中信银行贵州分行、中信出版社等单位对本书出版的支持表示感谢。

鉴于区块链技术和大数据区块链金融应用尚处在创新早期，我们对大数据区块链金融的应用实践的总结难免会有一定的局限性，同时我们对贵阳大数据区块链现代金融体系的梳理和思考也难免有遗漏和缺憾，加之我们专业水平有限及本书成稿时间仓促等诸多因素，在本书中一定存在许多值得商榷之处、不足之处甚至谬误之处，敬请读者朋友予以批评指正并提出修改意见，我们一定认真倾听、虚心接受，争取在再版时予以修订完善。真挚感谢您的阅读和指导，期待与您共同建设贵阳大数据区块链现代金融新高地。